비빔밥? 얼씨구나 절씨구나 좋다!

송지호 수상집(10)

비빔밥? 얼씨구나 절씨구나 좋다!

신아출판사

머리말

수상집을 쓰다 보니 어언간에 10집이 나오게 되어 흐뭇한 느낌이 있다. 나는 문학을 하는 사람이 아니어서 이런 스타일의 글을 쓰게 되었는데, 무엇인가 내가 갖게 된 사상, 한평생 살아오면서 체험하고 느낀 점, 그래서 후세에 꼭 남기고 떠나고 싶은 이야기들을 모아 가고 있는 것이다. 아무리 써 보아도 할 말을 다 못하고 있다. 이 세상에 태어나서 하고 싶은 말을 다 하고 가야 마음이 시원할 것 같다.

나는 생각하기 위해 이 세상에 태어났다고 항상 생각하고 있다. 그러면서 생각을 한다. 이 수상집도 그렇게 생각을 해서 쓴 것이다.

비빔밥은 내가 좋아하는 음식으로, 비빔으로써 맛이 나고, 재료와 비비는 방법에 따라 더욱 맛이 더해지는 귀엽고 가치로운 음식인데, 내가 맛있게 먹으면서, 왜 맛있으며 재료와 방법에 따라 더욱 맛이 나는 원리를, 평소에 생각된 점을 모아 정리해보았다. 여기서는 전주 비빔밥을 모델로 삼았다. 미식가라기보다 한

단계 높은 경지인 식도락가의 입장에 서서 비빔밥을 즐겼으면 한다.

한국의 날씨에 대해서는 너무나 걱정이 되어서 나의 스트레스가 분출된 것인데, 조속히 그 원인이 규명되어 시정되지 않으면 우리의 생존과 관계되는 중대사임을 깨달았으면 한다.

다음 선비의 자존심에서는 세상이 변하고 보니 우리의 미풍양속이 쇠퇴해 가고 선비(양반)다운 기질은 찾아보기 어려워졌다는 데에 관점을 두어, 우리 고유의 윤리 도덕상 사람다운 체면을 다시 찾아보자는 의도에서 써 보았으니, 동양적 미덕을 되새기는 데 도움이 되었으면 한다.

목욕하는 마음은 목욕탕 안에서도 생각을 하면 좋은 일이 생기고, 목욕의 여러 가지 유형에서부터 나아가, 마음으로 하는 마음의 목욕에까지에 이르렀으며, 마음의 목욕의 중요성에 이해가 가기를 바란다.

나머지는 특별한 뜻을 두는 것보다 생각하는 마음에서 자동으로 나온 이야기들인데, '딸이 좋다'는 세상의 변태 현상의 단면을 나타낸 것이고, '평화선의 주역들'은 일본의 국민성을 꿰뚫어 본 선구자이면서 공로자인 두 분을 찬양한 글이고, '안녕하세요?'는 메마른 세태에서의 따끈한 정이 통하는 면과 모두가 안녕하기를 바라는 마음을 그린 것이고, '막걸리와 나'는 막걸리 찬양론이고, '사람 팔자 알 수 없다'는 팔자를 과신하거나 맡기지 말고, 자기 것으로 받아들여 좋은 방향으로 노력하자는 말이고, '좋은 버릇 나쁜 버릇'에서는 버릇을 낱낱이 들추어 내어 반성해보았고, 'H 선생이 부럽다'는 말 그대로 부러워서 하는 말이고, 동지에 대해서는 이모저모의 이야기거리를 모아 본 것이고, '나는 바보다'는 바보가 되고 싶어서 하는 말이고, 다음 세 편은 내 고향을 소개한 것이다.

차례

비빔밥? 얼씨구나 절씨구나 좋다!

무슨! 시시하게 먹는 이야기부터 나오느냐고 할지 모르지만, 속된 말로 '금강산도 식후경'이라고 먹지 않고는 살 수 없으므로 이 이야기가 아니 나올 수 없다.

우리가 먹는 것 모두가 우리에게 반드시 도움이 되는 것은 아니다. 라면 같은 것을 많이 먹으면 해로운 것으로 알려져 있다. 내가 아는 모 교수는 동남아에 가 있는 동안 해먹기 쉬운 라면만 먹다가 그로 인해 숨진 일이 있었다.

나는 요리 전문가는 아니다. 그러나 눈과 귀와 혀, 그리고 의식이 있어 비빔밥을 잘 이해하고 있다.

전주 비빔밥이 왜 맛있을까? 그 대답은 간단하다. 첫째로는 비볐으니 맛있다. 비비기만 해서 맛있다면 다른 비빔밥도 같을 거 아니냐고 반문하겠는데, 물론 그렇기는 하지만, 또 이유가 있다. 둘째로는 비비는 재료가 다르고 비비는 비법이 다르기 때문이다.

비비면 맛있다는 것, 이 원리가 우선은 중요하다. 나는 식사 때마다 거의 비벼서 먹는데 확실히 더 맛있다는 것을 실감한다. 비빌 것이 없다고 하지 말고 무조건 비비면 된다. 밥뿐이 아니다. 술안주에서도 비비면 더 맛있다. 하찮다 하겠지만, 토마토를 고추장에 찍어 먹기도 하는데, 나는 분명히 더 맛있게 느낀다. 계란과 밥을 비비면 따로 먹는 것보다 맛있다. 그래서 비빔밥에는 계란이 대개 들어간다. 회에는 두 가지 먹는법이 있는데, 한국식과 일본식이다. 일본식은 간장에 찍어 먹고, 한국식은 초고추장에 버무려 무쳐 먹는다. 어느 것이 더 맛있는가 하면 버무린 것이고, 거기에 푸성귀가 들어가면 더욱 좋고, 주물럭거리면 손맛까지 가해져서 최상의 맛이다. 이것이 비빔밥의 원리다.

스포츠 댄스 춤을 추는 것을 보면, 발바닥을 바닥에 비비기만 해도 맛이 있는 것 같고, 더욱이 남녀라는 궁합이 맞는 음양이 손잡고 서로 사이사이로 비벼 다니면 그 맛이 기막히게 보이는 것을 보면, 음식이 아니라도 비비면 맛있는데, 하물며 음식에 있어서야 두 말 할 필요가 없는 것 같다.

비빔밥에는 반드시 고추장이 들어가게 되는데 고추장 그 자체만으로도 아주 맛있는 우리 고유 음식이다.

한국 음식은 음식의 모양보다 맛을 중시하는데, 맛이 다양한 것으로 알려져 있다. 특히 식품 자체가 지니고 있는 맛보다 식품 재료에 여러 양념을 하여 어우러진 복합된 맛을 즐긴다. 우리 선조들은 이렇게 맛을 내는 데도 지혜를 썼다. 비빔밥에는 갖은 양념이라 하여, 파 · 마늘 · 부추 · 달래 · 생강 · 깨소금 · 후춧가루 · 고추장 · 간장 · 설탕 · 식초 등을 골고루 넣게 되니, 맛이 없을 수가 없다.

비빌 적에는 여러 가지 재료를 섞게 되는데, 섞게 되면 하나하나를 따로따로 먹는 것보다 여러 가지 맛을 한꺼번에 맛보게 되니까, 그 자체만으로도 맛있게 된다. 여기서 맛의 어울림이라는 것이 생기게 되는데, 다른 말로 표현하자면 맛의 조화가 되니 더 맛있게 느껴지는 것은 당연하다. 또 비빌 때는 궁합이 맞는 것끼리를 섞게 되는데, 궁합이 맞으면 맛을 더욱 돋구게 된다. 궁합이 맞는 것이 어울리면 다소의 화학적 변화도 기대될 수 있다. 이 때의 변화로 맛이 좋아지면 궁합이 맞다고 하는 것 같다. 그리고 비비면 섞이도록 버무리게 될 때 자연히 문질러지게 되니, 식품 성분이 추출되어 씹기 전부터 맛을 알게 된다.

서울 종로 무교동 한밭식당에 한동안 다닌 일이 있었는데, 설렁탕과 수육의 맛이 유명해서 번창했지만 더욱 별미였던 것은 깍두기였다. 담그는 방법은 비전秘傳으로 되어 있었고 설렁탕과 궁합이 딱 맞았기 때문에 더욱 좋았었다. 나는 그 후 깍두기와 그 국물을 탕에 넣어야 완벽한 설렁탕의 맛을 낼 수 있다는 것을 알게 되었다. 이렇게 궁합이 맞도록 섞는 것이 비빔밥의 기본 원리인 것 같다.

홍탁이란 막걸리(탁주)에 홍어 안주를 말하는데, 막걸리 애호가들 사이에선 최고의 궁합으로 치고 있다. 홍어를 씹다가 막걸리를 들이켜면 입 안이 달다. 설탕의 단맛은 물론 아니고, 어떠한 단맛도 이 맛과 비교할 수 없는 기묘한 단맛이다. 홍어는 흑산도 것으로 발효가 잘 되어 매울수록 더 좋다. 여기서 우리는 비빔밥의 맛의 원리를 쉽게 발견하게 된다. 그런가 하면 그러한 홍어탕에 미역국을 섞어 먹어 보면 홍어 맛도 미역국 맛도 달아나 버린다. 궁합이 안 맞는 보기인 것 같다.

한국인이 그것 없이는 식사를 할 수 없다는 거시기, 김치! 김치가 왜 맛있고 영양이 좋은 것일까? 궁합이 맞는 여러 가지 재료가 버무려 들어갔다는 것, 다음은 그것들이 발효해서 맛과 영양이 더욱 좋아졌다는 데 있다. 비빔밥도 그대로다. 여러 재료가 들어가고, 잠시나마 궁합이 맞는 것끼리 화학적 변화를 일으켜서 더욱 맛있게 된 것이다.

말을 생략해도 이제는 다 알겠지만, 김치찌개는 그 맛있는 김치에다 궁합이 딱 맞는 돼지고기를 합하면 더 설명할 것도 없다.

정치도 알고 보면 비빔밥이다. 이렇다면 여당은 밥당이요, 야당은 야채와 고기 등 재료당이요, 군소 정당은 양념당이다. 군사적으로도 보병은 밥병이고, 포병은 재료병이고, 공병 기타는 양념병이라고 보면 역시 비빔밥이다. 기타 경제 · 문화 등 이 세상 모든 분야가 다 그러한 면이 있다. 오케스트라나 국악 · 농악의 하모니는 비빔밥의 각 재료(각 악기)가 궁합이 맞게 어울려져서 이루어지고 있다. 산에만 가도 새 소리 바람 소리가 비빔밥이 된다. 한 가정에도 각 가족이 비빔밥이 되어 살고 있다. 세상의 원리가 모두 그렇다. 그래서 맛이 난다. 사회인도 도인道人과 속인俗人, 지식인과 무학자, 부자와 가난뱅이, 선인善人과 악인, 도둑과 사기꾼, 대통령과 서민 등등 비빔의 어울림이다. 그렇지 않다면 사는 재미도 없을 것이다.

전주 비빔밥은 많은 식재료가 들어가는데, 그 중에는 지금 영양 부족된 성분도 반드시 섞여 있을 것이다. 그 영양이 부족된 성분을 먹을 때는 더 맛있는 법이다. 이것 또한 비빔밥의 맛을 논하는 데 있어 놓쳐서는 안 되는 중요한 사항이다.

나보다 8세 위인 친구 종수네 집은 가난했다. 어렸을 때 내가 찾아가면 그의 아버지가 김밥을 싸 주며 먹으라고 준다. 그런데 우리 집에서보다 맛있었다. 가난한 집 음식이 더 맛있다고 하지만 그것은 아니고, 밥에 김치를 올려 쌓았기 때문이었다. 우리 집에서는 김치를 따로 먹었기 때문에 그 맛을 몰랐던 것이다. 그때 나는 김과 김치와 밥의 어울림인 비빔밥의 원리를 이미 알았었다. 지금도 그렇게 해보면 확실히 더 맛있다. 지금의 김밥에 보면 김치가 들어 있지 않은데 그건 일본식이고, 한국식에서는 김치가 들어가야 옳다. 산에 다닐 때 김밥을 싸 가서 먹어 보면 알 수 있다. 김도 그대로보다 비빔밥의 원리대로 무쳐 먹으면 더 맛있다.

개밥은 여러 가지를 섞어서 주고 있다. 개를 나리 대우해서 따로따로 차려 줄 수는 없으니 당연한데, 홀대 받은 개는 사실은 비빔밥을 먹고 있으니 대접을 받고 있는 셈이다.

병이 생기면 약을 먹는다. 단방약도 있지만 여러 약재를 섞은 한약을 먹으면 더 효과가 좋다. 이것도 밥으로 말하자면 비빔밥에 해당된다. 우리가 살아가자면 먹지 않을 수 없는데, 오랜 역사를 통하여 식품으로 선택된 재료는 인간 생존에 유용한 성분들이다. 그러니 알고 보면 식품은 한약과 같다. 그렇다면 섞어 먹는 것이 한약 효과를 바랄 수 있는 것이 아닌가?

고교 야구가 프로 야구보다 더 재미있다. 왜냐하면, 안타도 있고 삼진도 있고 홈런도 에러도 있다는 점에서는 마찬가지지만, 프로에서보다 언제 어떠한 변화가 생길지 모르기 때문이다. 갑자기 역전될 수도 있다. 이렇다면 가지가지의 공과功過가 언제나 비빔밥이 되어 섞어져 나와서 재미있다는, 비빔밥의 원리에 해당된다.

비빔밥은 어떤 재료를 사용하느냐, 그 재료들을 어떻게 만드느냐에 따라서 맛이 다르다. 현재 전주 비빔밥에 들어가는 갖가지 재료 중에서 주로 많이 사용하는 것을 주재료, 계절에 따라 달라지는 것을 부재료로 편의상 구분하고 있다. 계절에 따라 재료를 바꾼다는 데에도 계절 감각상의 묘미가 있으며, 그 재료들을 만드는 데에도 비법이 있다. 그러니까 비빔밥 한 그릇에는 필요한 각종 영양소가 골고루 들어 있어 완벽한 균형을 갖춘 음식으로 알려져 있거니와, 재료의 맛을 내기 위해 정성을 담았고, 맛의 철학은 타의 추종을 불허한다.

비빔밥의 기원에 대해서는 설이 많은 것 같다. 궁중 점심설 · 제사 음복설 · 묵은 음식 처리설 · 농번기 음식설 · 동학혁명설 등이다. 모든 설을 종합해 생각해보면, 맛에 더하여 간편하다는 것, 음식을 남김없이 처리한다는 방도, 그리고 어떻게 생각해보면 술안주를 겸하고 있다는 많은 장점을 가지고 있다.

낮에 끼니로 먹는 것이 점심인데, 말 그대로 마음에 점을 찍는다는 식으로 배고플 때 조금 먹는 음식이라는 뜻으로도 통하고 있다. 궁중에서 점심을 가볍게 들려면 비빔밥을 택했다는 것이다. 간편하고 맛있기 때문에서였을 것이다. 조선 시대에 임금이 잡수시던 진지를 일컫는 수라水剌(몽고어 sula)에는 흰수라 · 팥수라 · 오곡 수라 · 비빔 등 네 가지가 있었는데, 비빔은 점심때나 종친이 입궐하였을 때 먹는 가벼운 식사였다고 한다.

제사에는 여러 가지 나물이 나오니 비비기에 알맞다. 음복飮福할 적에 비비면 모두를 조합하게 되므로 음식이 동시에 처리되고 영양에도 좋다. 음복이란 신인 공식神人共食을 의미하는 것인데, 제사를 지내고 나면 고인이 냄새로 먹고 가기 때문에 맛이 없어진다는 설이 있다. 그것을 비비면 맛이 있으니 음복시에 비빈다는 것은 일리가 있는 것 같다. 또 술안주도 될 수 있다. 특히 산신제山神祭나 사찰의 경우에는, 집으로부터의 거리상 식기를 충분히 가지고 갈 수 없어, 비벼 먹게 되었다는 것은 자연스러운 일이다.

남은 음식을 버리면 벌을 받는다고 옛날에는 여겨 왔다. 그런데 남은 것을 잘못 보관하여 상하기라도 하면 결국 버려야 되니 벌 받기는 마찬가지다. 이런 때 벌로부터 벗어나게 해주는 것이 비빔밥이라는 묘책이다. 묵은 것은 모조리 비벼서 처리하면 된다. 냉장고도 없었던 시대에 음식이 남으면 곤란했던 일을 생각해보면, 비빔밥의 기원으론 아주 타당성이 있는 것 같다.

옛적에는 농번기에 품앗이라는 것이 있었다. 힘드는 농사일을 여러 집에서 한꺼번에 나와 거들어 주어서 서로 품을 지고 갚고 했다. 품앗이 나온 많은 인원이 점심을 집에 돌아와 먹는 것은 비경제적이다. 재료만 준비해 가서 한꺼번에 비벼 같이 먹으면 더욱 맛있고 다정스럽다.

동학 혁명군이 제대로 밥상을 차려 먹을 생각은 하지도 안했을 것이다. 주먹밥이라도 감사히 먹었을 것이고, 비빔밥이라면 고급 식사였을 것이다. 그러나 이는 비빔밥의 기원이라고는 말하기 어려울 것 같고, 아마도 역사상 그 이전부터 비빔밥이 있었을 것이다.

이상에서 말한 비빔밥 기원에 대한 여러 설은 모두가 타당한 것 같아 일리가 있다. 어느 한 설에 기원을 두는 것보다, 이 경우 저 경우 할 것 없이 자생적으로 모두 발생한 것이 아닌가도 생각해볼 수 있다. 거기다 한술 더 떠서, 우리의 선조들이 지혜로웠다는 것을 생각할 때, 앞에서 말한 대로 비빔밥이 맛있고, 영양 면에서 우수하고, 장점도 많기 때문에 예전에 자동 발생했다는 데 무게를 둘 만도 할 것 같다. 앞에서 비빔밥이 맛있는 이유를 여러 가지로 고찰했는데, 그 외에도 장점이 있다. 많은 그릇이 필요 없고, 젓가락도 사용하지 않는다. 또 야채가 많이 들어가니 채식이 되어 변비에 좋다. 먹기도 더 편하다.

지역적으로 비빔밥을 살펴보면, 양반 세력가들이 번성하고 식재료가 풍부한 지역에서 비빔밥이 돋보이게 되었는데, 특징적이고 유별난 비빔밥을 들자면 전주 · 안동 · 해주 · 진주의 비빔밥이 있다. 그 중의 전주 비빔밥은 평양의 냉면, 개성의 탕반과 함께 조선 3대 음식 중의 으뜸으로 손꼽히고 있었다.

전주는 1200년 전 백제의 완산으로서, 한때 후백제의 도읍지로 되었던 때도 있었던 만큼, 도시 형성 연대가 오래 된 호남을 지배하는 고을로, 조선 시대에 와서는 전주 읍내 장場을 이루어 농산물의 집산지가 되었고, 그와 아울러 동쪽의 산과 서쪽의 바다와 넓은 평야와 주변의 강 등에서 얻어진 음식 재료는 자연히 산해진미의 고장이 되었다. 이런 덕분에 음식 문화 수준이 향상되어 식생활이 윤택해질 수밖에 없었다. 따라서 전주 지방의 부녀자들은 음식 솜씨가 뛰어나게 되고, 시인 묵객들과 어울려 그 정성은 지극했다. 그래서 전주는 한국을 대표하는 맛고을이 되었던 것이다. 요즈음에 와서는 그 명성이 한층 높아져서, 이제 전주 비빔밥은 세계화를 위해 박차를 가해지고 있다.

전주 비빔밥은 우선 색깔부터 아름답다. 오방색五方色을 고루 갖춰 눈을 사로잡는다. 전주 10미味 중의 하나인 콩나물로 지은 밥이나 사골 국물로 지은 밥, 또는 이것이 싫으면 보통의 밥에 선홍빛 육회, 치자로 물들인 샛노란 황포묵(녹두묵을 말하는데 청포묵 · 녹말묵 · 제물묵이라고도 함), 슬쩍 데친 미나리 빛깔, 까만 김 가루, 그리고 그 밑을 받치고 있는 살찌고 아삭한 콩나물, 거기에 또 가지가지에 달하는 지단chitun(달걀 흰자와 노란자를 따로 풀어서 번철에 얇게 지진 것)을 비롯한 고명(양념이면서 모양을 꾸미기 위해 위에 뿌리는 것의 통칭)과 밤 · 대추 · 은행 · 호두 · 잣의 5실과를 넣어 만든 전주 비빔밥이야말로 탄수화물 · 지방 · 단백질 · 비타민과 무기질 등을 골고루 섭취할 수 있는 영양 식품이면서 건강 식품으로, 선조들의 지혜에 의한 자연의 신비한 이치와 음양 오행五行의 원리를 인간 생활에 접목시킨 과학적인 전통 요리로서, 요리를 초월하여 예술의 경지까지 다다른 세계인이 찾는 완전 식품이다. 이렇게 비빔밥은 전주인이 지향해 온 화합과 상생 · 조화를 대표하는 맛의 식품이 된 것이다.

실로 비빔밥은 전통의 방식을 고수해 온 장인 정신이 깃든 음식이며, 비벼 낸다고 해서 모두가 전주 비빔밥은 아니고, 명인들의 숨결이 담긴 비빔밥, 바로 전주의 혼이 담긴 맛이 그것이다.

재료 중의 주재료인 콩나물만 보더라도 다르다는 것을 확실히 인정할 수가 있다. 전주는 예로부터 물 맛 좋기로 소문난 맛의 고장인데, 지하 암반수는 콩나물의 맛을 전국 제일로 만들어 명성을 떨치게 했으며, 그 우수성이 전주 콩나물 국밥 · 비빔밥을 통하여 세상에 알려지게 된 것이다. 전주 콩나물은 잔뿌리가 없고 연한 것을 특징으로 들기도 한다. 지금은 콩나물 영농조합에 컴퓨터 제어 시스템을 비롯한 재배 시설을 갖추고, 원료 콩에서부터 생산 출하에 이르기까지 친환경 국가인증 생산을 하고 있으며, 영농조합이 밝히는 전주 콩나물의 특징은 다음과 같다.

- 지역 농협 작목반과 계약 재배를 통한 안정적 원료 콩 수급
- 한 알의 콩이라도 엄선된 최상급 원료 확보
- 50여 수질 검사 항목에 합격한 지하 250m 암반수 사용

- 이온 활성수 재배로 부패 방지 및 고소하고 아삭한 맛과 뛰어난 신선도 유지
- 전 자동화된 최신식 재배 시설 및 깨끗하고 안전한 세척 포장 시스템
- 제품 출하에서 식탁에 오르기까지 콜드 체인 시스템 운영
- 친환경 무농약 인증 및 최초로 전주 우수 상품 인증 획득
- 콩나물 전문가 21명이 직접 참여하여 기술 교류 · 정보 공유를 통한 최고의 명품 콩나물 생산

다음 여기에 전주 비빔밥을 조금이라도 이해하는 데 도움이 될 수 있도록, 음식 명소와 명인을 대표적으로 소개코자 한다.

전주 음식 명소 1호점 호남각의 전기동 대표는 전주를 대표하는 식당으로 된 데 대해 자부심을 가지고 있다. 호남각은 전북 최대 규모의 한옥으로서 고풍스런 외관으로 이름난 식당이며, 기품 있는 처마와 문살, 그리고 옛것과 현대의 것이 절묘하게 조화를 이룬 내부 등 건축 양식에 있어서 우아한 한국의 미를 자랑하고 있어, 특히 외국인과 외지 손님이 반 이상을 차지하여, 고풍스런 한옥의 정취를 만끽하고 있다. 메뉴는 호남각 특선 정찬과 비빔밥 정식이다.

전주 비빔밥 지정 업소 1-1호인 가족회관(중앙동 소재)의 김연임 대표는 전주시가 선정한 전주 음식 명인 1호이면서 전라북도 무형 문화재 39호(전주 비빔밥 기능 보유자)이고 대한민국 식품 명인 39호인데, 지난 30년간 전통 전주 비빔밥의 맥을 이어 오며, 품격 있는 밥상을 차려 내는 전주식 조리법을 고수해 온 몇 안 되는 요리사다. 2대째 대물림하며 온전히 버티고 있는 것은 김 대표의 깐깐함과 옹고집이 전수됐기 때문이란다. 새벽부터 나와 비빔밥에 들어갈 식재료들을 살펴보고, 사골 국물을 직접 우려내는 등으로 듬뿍 정성을 담고 있다. 김 대표는

"밥맛은 65도일 때 가장 좋기 때문에 이 온도를 유지하기 위해 놋그릇을 쓰며, 참기름의 향이나 채소의 신선도가 유지돼 비빔밥 특유의 맛을 낼 수 있다"

고 말했다. 또

"사골 국물로 밥을 지어 만든 전주 비빔밥은 숟가락으로, 그렇지 않은 비빔밥은 젓가락으로 비벼야 한다"

는 것이다. 사골 국물로 지은 밥은 숟가락으로 비벼도 으깨지지 않지만, 그렇지 않은 밥은 으깨지기 때문이란다. 80년에 문을 연 가족회관은, 다른 음식을 마다하고, 오로지 전주 비빔밥만을 전문으로 한 비빔밥 전문 업소의 시초다.

고궁古宮은 전주 비빔밥의 맛을 고집스럽게 지켜 오면서, 꾸준히 연구하여 맛을 재창조하고 있다. 비빔밥 전시관과 전주 비빔밥 연구소를 가지고 오직 천년의 맛, 전주 비빔밥의 혼을 심기 위해 혼신의 힘을 다하고 있다.

다음에는 전주의 맛인 비빔밥에 대한 원로들의 찬사를 좀 들어 보자.

> 「놋쇠 대접에 담긴 전주 비빔밥은 우선 색채가 아름답다. 선홍빛 육회와 치자나무 열매로 물들인 샛노란 청포묵에 슬쩍 데친 미나리 빛깔, 그리고 까만 김가루의 대비가 그만이다. 그 밑을 살찐 콩나물이 받치고 있다. ……」 (최일남)

> 「놋쇠 대접에 고슬고슬 지은 흰밥 한 덩이, 그 위에 올라앉은 선홍빛 육회, 아삭한 콩나물, 치자 물들인 황포묵, 얌전하게 부친 황백 지단, 밤 · 은행 · 대추 · 호두 · 잣에 이르는 오실과…… 전주 비빔밥은 오방색을 고루 갖춰 눈부터 사로 잡는다. 뜨겁지도 차갑지도 않은 고명과 야채들은 맛도 빛깔도 저마다 살아 있다. 그래서 비벼 먹고 나서도 개운하다. ……」 (오태진)

「전주의 음식 문화에서 주연 배우는 단연 콩나물이다. 콩나물이 빠진 전주 음식이란 이를테면 동곳 없는 상투요, 화촉 안 갖춘 신방이다. 콩나물이 들어가야만 비로소 전주 음식다운 맛을 낼 수가 있다.

전주 콩나물은, 남쪽에 있는 산 좋고 물 맑은 임실 지방에서 생산되는 쥐눈이콩을 씀으로써, 우선 재료에서부터 다른 지역 콩나물과 차별을 이룬다. 윤기가 흐르는 검은 바탕에다 하얀 테를 두른 모양이 쥐의 눈을 닮은 이 영양가 많은 콩을 전주천 옆 교동의 맑은 우물물로 걸러 낸다.……

잔뿌리 없이 외뿌리로 기르는 요령 또한 전주 콩나물을 다른 지역 콩나물과 차별화하게 만든다. 다 자라 질겨질 때까지 기다리지 않고, 5~6㎝ 길이의 미숙한 상태에서 뽑아 사용하므로 육질이 부드러우며 맛이 좋다.」(윤홍길)

음식은 배를 채워야 하는 욕망의 외에, 또 하나 맛으로써 미각을 충족시키는 측면을 가지고 있다. 이 맛만을 쫓아, 먹는 일을 도락道樂으로 삼는 것을 보고 식도락이라 한 것 같다. 도락이란 도道를 깨달아, 또는 취하여 빠져서 스스로 즐기는 것을 말하는데, 서도書道가 글씨를 빌려서 예술을 창조하고, 다도茶道가 차에 얹혀서 선禪의 맛을 찾는 것처럼, 음식의 맛이라는 것도 고상한 즐거움을 누리기 위한 하나의 방편方便인 것 같다. 식도락가와 미식가美食家와는 다르다. 미식가는 좋은 음식 · 맛있는 음식만을 골라 특별한 기호를 가진 사람을 말하는 것인데, 거기에는 도道가 들어 있지 않다.

전주 비빔밥을 즐기는 데도 미식가가 있고 식도락가의 경지가 있을 것이다. 이왕이면 미식가라기보다 도락가의 경지에서 빠지고 좋아하는 것이 어떨지 생각해본다.

나의 비빔밥은 지금도 발전 개발되어 가고 있다. 요즈음의 식단은 뷔페식과 잡탕과 비빔을 교묘하게 연결한 식도락食道樂의 극치를 이루고 있다. 이를 자랑해보면, 7~9가지의 요리를 내 손으로 미리 만들어 두는데, 보기를 들면 나물 · 잡채 · 부추전 · 김치찌개 · 카레 · 미역 또는 김 무침 · 육류 요리 · 생선찌개 · 생선 회무침 · 진한 청국장 또는 된장국 · 오리뼈 곰국 · 동그랑땡(구입) 등이다. 이들을 적당량 조합하여 다시 2차 조리를 하는데, 물론 생선회는 나중에 살짝 올린다. 무침으로 하면 수 얼간을 두어도 좋다. 온도 조절에 따라서는 숙회가 되기도 한다. 이로써 술안주하면 나 혼자서 먹다가 둘이가 죽어도 모른다. 반주가 끝날 무렵 밥을 비빈다. 이 요리는 비빔밥의 마지막 응용일 것이다.

이렇게 스스로의 식단을 개발해 간다면 차츰 프로의 경지에 들고, 인생의 새로운 맛과 멋을 즐길 수 있게 되어 식도락가가 되는 것이다. 미식가美食家와는 다르다. 거기에는 도道자가 없다. 음식의 맛은 하기에 따라 살아 숨쉰다. 우리는 그 맛을 즐길 따름이다. 여기서의 여러 가지를 적당히 조합하여 2차 조리를 하는, 비빔밥 응용은 맛의 보태기가 아니라 곱하기가 되어, 그 상승 효과로 둘이가 죽어도 모르게 되는 것이다.

먹는 데에 무슨 도道가 있느냐고 할지 모르지만, 분명히 있기는 있다. 도를 깨치자고 하는 목적은 한없는 즐거움을 얻기 위함이다. 먹는 데에도 한없는 즐거움을 느낀다면 그거 역시 도를 얻은 것이 아닌가? 수준 낮은 도이지만 하여튼 그렇다. 그래서 도락이라 했다. 그렇게 해서라도 도에 가까워질 수만 있다면 얼마나 좋겠는가? 도! 도! 도를 모르는 자는 멀리 하라.

한국의 날씨가 왜 다수워지는가? 큰일 났다

오늘 09년 5월 6일, 떡집 앞을 지나다 보니 쑥을 많이 갖다가 정리하고 있었다. 떡에 넣을 것이다. 같은 값이면 쑥을 넣은 떡이 맛있다. 쑥은 옛날부터 단오날에 뜯어야 약이 차고 맛있는 것으로 알려져 있다. 쑥 술이 위에 좋다는데, 쑥 술을 담아 보면 단오에 담으면 콜라색으로 우러나지만 다른 날에 담으면 그런 색이 안 나온다. 이것만 봐도 단오절이 되면 쑥에 약이 찬다는 것을 알 수 있다. 쑥 일을 하는 것을 보고 그냥 지나가려다 한마디 물어 봤다. 쑥은 단오가 되어야 제일 좋은데 왜 지금 뜯은 거냐고 했더니, 그건 옛날 말이고 지구 온난화로 지금 뜯어야 한다는 대답이었다. 단오가 28일이니 22일이나 앞서 뜯은 것이다. 그만큼 지구 온난화가 진행된 증거가 된다. 단오에 뜯어야 한다고 알고 있었던 쑥을 이제부터는 언제 뜯어야 할지 모르게 되어 버렸다. 앞으로도 지구 온난화는 계속되기 때문이다.

겨울에 겨울 옷을 제대로 입어 보지도 않고 겨울이 구렁이 담 넘어가듯 넘어가더니, 봄이 빨리 오고 꽃들이 일찍 피고 쑥을 비롯한 모든 식물이 날씨 영향을 받아 달라졌고, 삼라만상이 눈에는 안 보이면서 자기 스스로는 변한 것 같다. 예를 들어 24절기의 경칩에는 무엇이 어떻고 망종에는 어떻고 하는 말들도 앞으로는 없어지게 되었다. 겨울이 다수워졌으니 봄이 빨리 오고, 그래서 또 여름도 그전과는 다르게 되었다. 이러한 온난화는 빙산氷山이 녹아서 해수가 불어나고, 미생물이나 세균들이 번식하기에 좋고, 한국의 날씨가 아열대 기후에 가까워지면서 그전에 안 잡히던 물고기가 잡히고 잡히던 물고기가 사라진 일도 있다. 제주에서만 잡히던 옥돔 · 자리돔이 부산 근해에서 잡히고 있다. 그래서 제주 사람이 사 가는 기현상이 일어나고 있다. 몇 십억 년을 지나면서 일정 불변화된 지구 기후가 변하고 있는 것이다.

큰일이 생겼다. 다른 것은 우선 놔 놓고, 빙산만 보더라도 녹으면 해수면이 높아져 육지를 침범하여 세계 지도가 달라지고, 해변에 사는 사람은 높은 곳으로 이사를 가야 한다. 지금도 사는 곳을 버리고 높은 곳으로 이사한 지방이 있다는데, 금세기 안에 해수면이 1.8m나 높아질 것이라 하니 큰일이 아닐 수 없다. 또 빙산이 녹아 해수 염분과 비중이 달라지면 해양 생물의 변화가 생기고, 해양의 물리적 변화를 가져 올 것이다. 사람의 체온은 일정 불변이지만, 거기서 1도만 높아져도 병이 되고 생명의 위협을 받는다. 지구도 마찬가지일 것이다.

지구의 온난화는 세계적인 문제이므로 세계가 공동으로 해결할 문제이지만, 더 큰 문제가 숨어 있다. 09년 5월 7일 보도에 의하면, 한국의 온도 상승이 세계의 그것에 비해 속도가 2배 빠르다고 하니, 사람을 깜짝 놀라게 하고 있다. 또 지금(6월 1일)에는 3배 빠르다고도 한다. 이렇게 한국이 다수워진 데에는 눈에는 잘 보이지 않는 특별한 원인이 있는 것이 틀림없다. 그러지 않고서야 2배나 빠르게 진행이 될 리가 없다.

인과因果의 법칙에서다. 나는 그 원인을 생각해본 결과 하나의 가설假說을 세웠다. 그것은 한국인이 한국을 다숩게 만들었다는 엉뚱한 인재人災인데, 그것이 무엇인가 하면 ○○○ ○○다. 그것이 어떻게 해서 날씨를 다숩게 하고 있는가, 기상 천외한 일이라고 놀랄지 모르지만, 그러한 마법魔法과 같은 일이 충분히 있을 수 있는 일이라는 것을 잠시 다른 곳에서 찾아 보자. 마법이란 마술 같은 방법이다. 우리는 TV를 마법으로 생각하지 않지만, 100년 전의 사람이 보면 마법으로 느껴질 것이다. 다음에 열거한 일들은 마법 같은 것인데, 그와 마찬가지로 ○○○ ○○도 우리가 상상치도 못한 마법 같은 일을 일으키고 있다는 이야기다.

내가 심장 수술을 하고 나서 이빨이 점점 제구실을 못해 가더니 하나씩 하나씩 빠져 갔다. 모르는 사람이 들으면 심장과 이빨이 무슨 관계가 있겠는가, 마법 같은 이야기라고 할 것이다.

왼발 엄지발가락 바닥이 아파서 조사를 해보니 오른쪽 다리가 5㎜ 정도 짧다는 것이 발견되는데, 이것도 마법 같은 것이다. 왼쪽 다리가 불러져 수술하면서 그렇게 된 것이었다.

약수가 잘 나오고 있었는데 300m 정도 거리에 묘를 하나 썼더니 약수가 말라 버렸다. 11년 6월 하순 경북에서 큰 다리가 무너졌다. 100년이 넘었는데 비가 많이 와서 그랬다는데, 그것이 아니다. 1년 전에 몇 배 많은 비가 왔지만 싱싱했다. ○○○ 사업 때문이다.

축구 경기를 자세히 보고 있으면 선수의 현재 위치에 따라서 다음 공의 흐름이 달라진 것을 알 수 있는데, 이것도 마법과 같다 할 수 있고, 바둑을 두다 보면 동東에서 어떤 사소한 일이 생기면 서西에서 엉뚱한 일이 벌어져서 변화가 일어나고, 뱀을 잡아 버리면 환경이 달라진 것을 볼 수 있다. 이 모두가 모르면 마법 같은 것이다.

○○○ ○○ 그것 하나로 무슨 기후 변화가 있을까 하겠지만, 우리가 잘 모르기 때문에 하는 말이고, 거기에는 마법과 같은 일이 일어날 수도 있는 것이다. 이 마법으로 한국의 온난화가 급속도로 이루어졌다고 하는 것이 나의 가설이다.

지구는 살아 있다. 살아 숨쉬면서 혈맥도 통하고 땀도 흘리면서 생동하고 있다. 그래서, 우리가 몰라서 그렇지, 훌륭하게 마법을 일으킬 수 있다.

○○○ ○○는 이 지구에게 수술을 하면서 깁스를 했다. 부상 당하여 한 것이 아니라, 싱싱한 몸에 억지로 한 것이다. 그래서 욕창이 되었다. 욕창이란 인체 조직의 일부에 피가 통하지 않아 국부적인 죽음의 상태, 즉 쉽게 말하여 살이 썩어가는 무서운 병인데, 고려 정종은 욕창에 죽었고, 일정 때는 다리를 긁었다.

지금의 지구는 탄생 이래 변화를 거듭하여 주위 환경에 적응되어 조화가 이루어진 것이다. 즉 인류가 진화해 오듯이 마찬가지로 진화된 것이다. 이렇게 판단할 때, 지구에 수술을 하는 것은 대자연의 생명에 도전하는 것으로, 조화를 깨뜨려서 그에 따른 부작용, 즉 그에 상응된 재앙을 면할 수 없는 것이다. 우리는 지구를 파괴할 수도 없지만 또 파괴해서는 안 된다. 왜냐하면 우리 인간이 따라서 파괴되어 살아 남을 수 없기 때문이다.

○○○ ○○는 대자연에 싸움을 거는 것인데, 대자연을 이길 수는 없는 것이다. 사람이 손으로 태양을 가릴 수 없듯이, 인간의 능력으로 태풍을 막을 수 없듯이, 매년 오는 장마를 못 오게 할 수 없듯이, 아무리 과학이 발달했다 하더라도 인간의 능력에는 한계가 있어서, 대자연에 도전하여 이길 수는 없는 것이다.

지구가 생기고 자연이 생기고 나서 인류가 생겨났다. 자연이 위주고, 거기에 인류는 부수된 것이다. 인류가 자연을 앞서 갈 수는 없고, 따라서 인류가 자연을 지배할 수는 없는 것이다. 북극이나 남극의 얼음을 녹이려면 우선 현대 과학의 힘을 빌려 가능할지 모르지만, 그런 다음에는 엄청난 재앙이 닥쳐올 것이다. 이렇게 자연 법칙에 반항해서는 안 되는 것이다. 왜 산림을 보호해야 되는가? 산이 건강하게 살아 있을 때 우리도 건강하게 살 수 있기 때문이다. 숲과 강물과 바다, 그리고 모든 자연 생물은 우리의 미래요 희망이다. 우리의 생명줄이다. 자연 법칙에 반항해서는 안 된다. 자연은 우리와 친밀하지만, 가장 무서운 것도 자연이다.

※ 내가 이 글을 쓴 것은 실은 09년 6월이다. 그때는 ○○○ ○○에 글자가 있었다. 그러면서 그를 증명하기 위한 세 가지 이유를 논증論證으로 확실히 했었다. 그런데 발표를 지금까지 보류해 왔다. 그 까닭은 세 가지 이유를 증명하자면 몇 십 년간의 조사 연구가 따라야 하는데, 늙은 내가 그럴 시간과 능력이 없기 때문에 우선 가설로 말할 수밖에는 없다는 것, 그러니까 나의 심증心證은 굳어 있지만, 확증이 없이 세상에 발표했을 때, 나는 사람들로부터 곤장 100대를 맞고 한국에 못 살고 쫓겨날 것 같아 발표를 포기하고 말았다.

그러다가 다시 생각해보니 참고 넘어갈 일이 아님을 느꼈다. 우선 힌트라도 주어, 누군가가 이 문제를 제대로 연구하여 세상에 내놓기를 기대하면서, 세 가지 논증을 감추어 두고 ○○○ ○○로만 쓰고 있는 것이다. 안타깝지만 어쩔 수 없다. 용서를 바란다.

그 누구같이, 사육신死六臣같이 죽을 각오로 제대로 발표할 수도 있겠지만, 나는 아직 할 일이 남아 있어 지금 죽기는 싫다.

여기에 제시한 나의 가설은 물론 앞으로 많은 사람들의 연구를 거쳐서, 몇 십 년 후에나 가서 정설화定說化될지도 모르겠다. 그 동안은 관망하고 기다려야 하겠지만, 온난화 원인을 다른 데서 찾지 못한다면 우선은 ○○○의 탓으로 더욱 의심할 수밖에는 없는 것이다.

만일 정설화가 된다면 ○○○ ○○ 때문에 우리는 무서운 재앙에 따른 희생을 감수해야 할 처지에 있다는 것을 알게 될 것이다. 겨울이 없어진다면 우리의 존망과도 관계되는 중대한 결과를 초래하기 때문이다. ○○○을 얻으려고 우리의 불행을 자초한 꼴이 된다. 하나를 얻으려다 제대로 성과는 거두지도 못하고 몇 천조~몇 천경 원의 손해를 볼지도 모를 일이다. 이것을 안다면 빨리 고쳐야 한다. 몇 천조 원을 드려서라도 바로잡아야 한다. 방법이 없더라도 방법을 만들어 내야 한다.

육지가 사막으로 변하면 그 땅은 생산성이 없는 쓸모 없는 것이고, 그 면적이 커져 갈수록 인류의 생존을 위협하게 된다. 중국에서 오는 황사는 이 사막이 가져 오는 재앙이며 우리를 위협하고 있다. ○○○은 ○○를 ○○로 한다고 하고 있지만, 역설적으로 말한다면 ○○에서의 녹지를 ○○의 사막으로 바꾸었다는 좋은 사례로 볼 수 있다. 사막은 다시 녹지로 만들기는 불가능한 것 같다. 조그만한 실수가 엄청난 재앙을 불러일으키게 되었다. ○○의 사막에서의 황사를 장차 어떻게 막을 것인가? 걱정스럽다. 자손들의 생존에 위협을 주고 있는 것 같다.

자연은 온순하고 정직하면서 인간을 해치려고 하지 않는데, 인간이 화를 만들어 재앙을 일으킨 것이다. 가만있으면 본전인데, 손해 보려고 일감을 만들어 놓고 고민하고 있다. 바둑에서 가만있으면 살아 있는 것을 완전히 살자고 가 1수하여 죽은 일이 있고, 죽어 있는 것을 확실히 잡자고 가 1수하여 살리는 일이 있다. 바둑에서의 하수는 스스로 화를 만들면서 덤벼오기 때문에 고수의 바둑을 두어 주고 있다. 자연 훼손은 바둑의 하수가 저지르듯이 멋모르고 일을 꾸미지만, 한 번 엎지러진 물은 다시 담을 수 없듯이 다시 돌리기 어렵구나. 바둑에서의 자충수를 두었구나!

정부 당국은 하루바삐 한국의 온난화 원인을 연구 규명해서, 원상 복구시켜 우리 모두가 살 수 있도록 조치해야 할 것이다. 직무 유기가 되지 않도록 부탁 드린다.

이 글을 쓰고 있는 지금(11. 6. 29), 미국에서의 토네이도는 라나다가 원인이라고 발표되었다. 이렇게 명확히 밝혀 주기를 바란다.

후기

지금 11년 8월 1일 현재, 장마가 반 달 전에 끝났다는데도 계속해서 많은 비가 내려 홍수가 지고, 산사태가 일어나고, 많은 인명 피해가 발생하고 있다. 두 가지를 말할 수 있는데, 하나는 여름 우기雨期가 길어졌다는 것과 또 하나는 강우량이 기록적이었다는 것이다. 이러한 사태가 모두 날씨의 온난화가 관계가 있는 것으로 나는 생각하고 있다.

07년에도 장마가 끝난 다음 8월 4일부터 14일까지 11일간 비가 왔다. 기상청에서는 장마 전선이 소멸되면 장마가 끝났다고 하는데, 나는 생각이 달라서 오늘까지 오고 있는 비도 장마로 보고 싶다. '장마' 또는 줄여서 '마'라고 하는 것은 사전에 따르면, '계속해서 많이 오는 비' '며칠씩이나 계속해서 내리는 비'라고 되어 있다. 그러니까 장마란 장기간 오는 비를 말하므로, 장마 전선이 소멸되었더라도 계속해서 오고 있으면 장마라고 해야 옳을 것 같다. 봄장마 · 가을장마는 장마 전선이 없다는 것을 감안해서다. 장마가 끝났다고 하면 만심하게 되는데, 경계를 늦추지 않게 하기 위해서도 그렇다. 비가 계속 올 거라면 인하대 학생이 봉사 활동에 떠나지 않아, 이번과 같은 사고는 없었을지도 모른다.

계속 비가 오니 아열대 기후가 된 것 같다. 그래서 앞으로는

'장마'라는 말 대신 우기雨期라고 하자는 의견도 나왔다. 여하튼 이렇게 우기가 길어지고 폭우가 쏟아져 강우량이 기록적이고 보니 이제는 지구 온난화 탓이라는 소리가 나오고 있다. 그렇다면 이러한 현상들은 온난화를 방치한 인류의 죄과임에 틀림이 없다.

지구 온난화에 대해서 사람들이 걱정하고 있는 것은 해면 상승이라고 하지만, 그보다 더 무서운 것이 우기와 강우량이다. 알기 쉬운 이야기로, 이렇게 비가 많이 오면 곡식이 익지 못하고 썩어 버려 먹을 것이 없어진다. 과일도 그렇다. 화학적으로 인공 식량을 만들지 않는 한 인류는 생존할 수 없게 된다. 별나라에라도 이사를 가야 할 것이다.

또 이렇게 기후 변화가 생기면 새로운 질병이 유행하게 된다. 고칠 수도 없는 정체 불명의 새로운 병이 인류를 괴롭힐 것이며, 그 외에도 예측하기 어려운 재앙이 생길 수도 있다. 정말 큰일이다.

그 후로도 기상청에서 말하는 장마 때처럼 비가 심심치 않게 계속 왔고, 피해가 대단히 컸다. 정읍에서는 한 번에 400㎜가 오기도 하고 열차 선로가 파손되었다. 우기는 8월 20일에야 끝났다. 기상청에서는 장마 전선 소멸 후의 비를 소나기라고 했는데, 그것이 아니라고 본다. 소나기란 사전에 의하면

'갑자기 세차게 쏟아지다 곧 그치는 비', '갑자기 구름이 짙어져서 굵은 빗방울이 1~2시간 정도의 짧은 시간 동안 강하게 내리다가 그치는 비'이며, 국지적으로 온다고 나와 있다. 오는 범위도 넓고, 시간도 길고 거듭거듭 왔다.

또 그 후 9월 16일의 보도에 의하면, 전력 소비량이 급증하여 수급에 비상이 걸렸으며, 아슬아슬하다는 표현을 썼다. 이날의 밀양 기온이 34°까지 되는 늦더위였기 때문이다.

※ 후기

12년 여름, 전북 지방의 산간 지대를 제외한 전역이 장기간 역사에 없는 폭염 상태였다는 것은 무엇인가를 암시하고 있다고 보아야 할 것이다.

8월 13일 군사에서 6시간 동안에 444미리의 폭우가 쏟아진 것도 ○○○과 무관하지 않는 것으로 추정되며, 8월 28일과 30일에 두 태풍이 서해안과 남해안에 상륙해 태풍 경로가 달라진 인상을 주는 것도 역시 무관하지 않다고 추정되는데, 현재의 나로서는 확실한 증명을 제시할 길이 없다. 그 후에도 무서운 태풍이 서해를 북상했다. 그전에는 이런 일이 없었다. 일본쪽으로 가거나 최악의 경우 남해안에 상륙했으며, 서해로 북상시에는 약화되어 버렸다.

이러한 피해를 줄이기 위한 방도가 있기는 있다고 생각되기도 하는데 이 역시 지금의 나로서는 말할 수가 없다.

모든 것이 인재人災에 의한 자연의 보복이라고 생각된다.

지구상에 사람이 살게 된 것은 환경 조건이 알맞어서였다. 환경이 변화하여 생존할 수 없게 되면 인류는 과거의 공룡처럼 멸망하고, 외계인같이 생긴 새로운 동물이 대신에 생길지도 모른다. 그 전에 한국인이 한국에서 살지 못하고 중국으로 이주해 가고, 그렇게 되기도 전에 전라북도 사람이 고장을 떠나 강원도에 유입해 갈 날이 올지도 모르겠다.

선비의 자존심

땀을 물 끓듯이 펄펄 흘리면서 테니스를 하고 있는 사람들을 본 친구가 말했다.

"돈을 좀 주고 사람을 사서 대신에 쳐 달라고 하지, 안됐군!" 얼른 생각해보면 이 말은 말도 안 되는 소리다. 자기 자신이 쳐야 운동이 되고 능력도 향상이 되는 것이니까, 나를 대신해서 누구에게도 시킬 수 없는 일이다. 세상에 나를 대신해서 해줄 수 없는 일은 많다. 먹고 싸고 자고, 공부하고, 아플 때 치료 받고, 죽어 주기 등등 ……. 만약 이 친구 말대로 돈 받고 쳐 달라고 부탁 받은 자가 있다면, 그는 '얼씨구나 좋다. 꿩 먹고 알 먹기군!' 할 것이다.

그러나 이 친구가 말한 뜻은 좀 달라서, 양반이나 선비의 입장에서 어찌 상민常民스러운 일을 하겠는가? 자존심 깎일 일이 아니겠는가 하는 말일 것이다. 옛날의 관습이 몸에 배어서 천한 아랫것들을 부려먹는 데서 나온 말이다.

축구가 우리나라에 들어온 것은 고종 1년(1864)이라는데, 정말인지 확실한 것은 나로서는 모르지만, 아랫것들에게 시켜 놓고 양반은 구경이나 즐기면 된다는 식이였다니, 위의 테니스 이야기도 같은 성격의 말이 될 것 같다.

축구 종주국이라는 영국 역사를 보면, 덴마크인人의 압제에서 심한 고통을 받은 영국인들이 그 분풀이로 덴마크인 두개골을 발굴, 발길로 차다가, 후에 소의 방광에 바람을 넣어 차기 시작한 것이 영국 축구의 기원이라고 한다. 한국에서도 삼국 시대부터 축구 비슷한 공 놀이가 있었는데, 역시 소 방광에 털이나 바람을 넣어 찼다고 하니, 그것을 생각할 때, 양반이 그 기질상 두개골이나 소 방광을 차는 흉내를 할 리가 없고, 사농공상士農工商의 사회 계급 아래서 최상류 계급인 선비가 축구를 직접 한다는 것은 있을 수 없는 일 같아, 앞에서의 이야기가 수긍이 간다. 생각해보면, 갓 쓰고 도포 입은 선비가 축구를 하려면 모두 벗고 상민 같은 복장이 되어야 할 판이니, 그 체면상으로라도 달갑게 받아들일 리가 없었을 것이다. 먼지를 뒤집어쓰지도 않았을 것이다.

양반은 물에 빠져도 개헤엄은 치지 않는다는 속담이 있고, 아무리 추워도 떨지 않는다고 하고, 아무리 배고파도 배부른 척 한다고도 했다. 이러한 행동은 선비의 자존심이 뭉친 것이다. 물에 빠졌으면 살기 위해 개헤엄이라도 쳐야 되지 않을까? 추워서 떨리는 걸 어떡하나? 배고픈 걸 어떻게 꾸밈새로 배부른 척 할 수 있는가? 이렇게 말할지 모르지만, 만일 그런 사람이 있다면 그에게는 벌써 선비의 개성은 상실되었다고 해야 할 것이다.

일제 시대에 철도를 부설할 적에 양반촌에서는 철도가 가까이 지나가는 것을 반대했고, 철도역을 거부했다는 말이 있다. 시끄러워서 그랬고, 땅을 내주기 싫어서도 그랬을 것이고, 양반의 구미에 안 맞기 때문에도 그랬을 것이다.

지금은 자동차가 없는 집이 별로 없지만, 옛날 선비 같으면 그 기질상 안 가질지도 모르며, 갖더라도 운전은 하인下人에게 시키겠지 직접은 안할 것이다. 언제 교통 사고로 사망할지도 모를 위험한 운전을 할 리가 없다. 운전 면허를 따려고 하급 관리에게 순종할지도 의문이다.

글을 쓰려면 붓이나 만년필을 이용하지 컴퓨터는 방정맞다고 안 쓸지도 모른다. 경망스럽고 누가 도용할지도 모르고,

지워 버릴 수도 있기 때문이다. 혹시 볼펜도 거부할지 모른다. 글씨가 예쁘지 못해 묘미가 없기 때문이다.

에어컨도 안 쓸 것 같다. 한의학상 건강에 해롭다고 다른 방법을 찾던가, 이열치열以熱治熱이라고 뜨거운 보신탕이나 삼계탕을 즐길지 모른다. 여름에는 땀도 좀 흘려 가면서 더위를 이겨 내야 한다는 것이 고정 관념이었다. 사실이 또 그렇다.

휴대폰은 원숭이 같다고 안 쓸지도 모른다. 카드도 안 가질 것 같다. 당당하게 현금으로 지불하지 돈 없는 거지같이 외상으로 긁지 않을 것이다. 시계를 가지면 시간에 구속을 받는다고 갖지 않을지도 모른다.

이런 점, 현대 상식으로는 이해가 안 가겠지만, 좀 손해를 보고 아무리 불편하더라도 체통을 지키면서 자존심을 살리는 것이 선비 정신이다. 여기 말한 것들은 실은 내가 안 가지고, 사용하지 않는 것들인데, 안 가진 이유를 따져 보니 선비들도 그럴 것 같아 하는 말이다.

젊은 여성들의 여름 옷차림을 옛날 선비가 본다면, 또는 어디서나 뽀뽀를 서슴치 않는 젊은 남녀를 발견한다면 기절해 버릴 것이다. 우리의 전통인 미풍 양속이 매장되는 것을 선비들은 절대 용서치 않을 것이다.

선비와 양반, 양반 또는 선비, 그것이 이것이고 이것이 그것인 것 같다. 선비란 학문을 닦은 사람을 가리키는 옛스러운 말이다. 양반이란 원래 궁중 조회 때의 동반東班(문관의 반열)과 서반西班(무관의 반열)을 가리켰는데, 지체나 신분이 높은 사람 즉 상류 계급의 상징적 표현이 되었으며, 양반이라야 국학國學(국립 대학)에 입학할 수 있고 과거에 응시하는 등의 특권과 우대를 받았으므로, 선비 즉 양반, 또는 양반의 자손(벼슬은 없더라도)이라는 말이 맞을 것이다.

양반 또는 선비는 교양(학문)과 전통(예의)을 중히 여기고, 사회적으로 신분이 보장되며, 많은 토지를 소유했다. 이 신분 여하에 따라 납세 · 군역軍役 · 형별 · 주거 · 의복 · 혼인 등 일상 생활이 달랐다. 이 반상班常 제도는 양반 · 상민常民 및 천민 등으로 계급을 구분한 사회적 신분 제도다. 한편 선비는 고려 · 조선 시대에 직업에 의해 분류되었던, 사회 계급인 사농공상에서의 선비 · 농민 · 공장工匠 · 상인 등의 순서로 귀천을 구별한 사士에 해당하므로, 결국 선비나 양반이나 같은 것이라고 앞에서 말했던 것이 틀림없다. 결국 양반은 최상급의 사회 계급으로서, 사농공상의 순위로 꼽히는 사족士族에 속한다고 할 수 있다.

이 반상 제도 또는 직업상의 사농공상 계급은 고종 31년(1894) 갑오경장甲午更張에 의해 끝을 고하게 되었다고 하지만, 그 뒤에도 신분상 서로 잘 융합이 되지 못했다. 그러니까 실제로는 차차 사라져 가고 있다고는 하지만, 아직도 그 뿌리는 뽑히지 못하고, 저변으로 면면히 이어져 오고 있는 것이 현실인 것 같다. 제도상으로 없어졌다고 해서 세상사가 곧 바꾸어지기는 어려운 것 같다. 생활 환경이 거의 그대로 이어져 왔기 때문이며, 그래서 사람들을 보고 있으면 양반 출신인가 아닌가가 바로 엿보이는데, 구체적으로는 용모와 행동면에서 그 차이를 느낄 수 있다.

사람의 용모는 아무렇게나 만들어지는 것이 아니다. 학식·신분·생활 정도·환경·생각이나 마음 따위에 따라 그 상相이 달라진다. 도둑놈의 관상을 보면 도둑으로 보인다. 양반의 자손은 그 생활 환경에서 이어져 살아 왔기 때문에 양반답고, 천민의 자손은 역시 그 환경 그대로 천민다운 상相을 갖게 된다. 또 예컨대 양반 집안과 천민 출신의 가정 교육은 다르기 때문에 행동 거지가 같을 순 없다. 그래서 용모와 행동 거지를 보면 출신 성분을 어느 정도 판단할 수 있다.

양반의 자손은 마음이 착하고 점잔하다. 문벌이 좋은 집안이나 사회 지도적 계급의 아들은 품행이 단정하다. 그래서 지금도 혼인을 할 때 뼈대 있는 집안에서는 가계家系나 가문家門을 따지고 있는 것이 사실이다.

앞에서 말한 바와 같이, 양반은 못 먹어도 배부른 체하고, 얼어 죽어도 집불은 안 쬐면서 떨지 않으며, 물에 빠져도 개헤엄은 안한다는 것이 선비로서의 기질이다. 선비는 아무리 가난하고 몸이 괴롭고 다급해도 체면 깎일 일은 않는다는, 선비로서의 자존심만은 잃지 않는다는 것이다.

선비로서의 대접을 받으려면 무엇인가 다른 점이 있어야 한다. 말하기 · 숨쉬기 · 눈의 표정 · 듣는 자세 · 먹는 태도 · 사고 방식 · 잠자기 · 옷차림 그리고 길 걷기 · 차 안에서의 공중생활 기타 도의 도덕 등 갖출 것이 한둘이 아니다. 그렇기 때문에 옛날에도 양반 노릇 하기 힘든다는 말이 있었다. 양반의 체면을 지키려면, 선비로서의 자존심을 유지하려면 그 정도의 어려움은 참아야 한다.

양반의 제도(반상 제도)가 시작된 것은 고려 시대고, 절정을 이룬 것은 조선조 때다. 고려조에서는 불교가 꽃을 피웠지만, 조선조에 와서는 억불 숭유라는 거국적인 정책으로 유교가 500년을 흐르면서 이어져 왕조를 지탱하는 정치 철학이 되었다.

선비들이 공부한 사서四書(대학 · 중용 · 논어 · 맹자) 삼경三經(시경 · 서경 · 주역) 중 논어論語는 공자孔子의 사상과 그의 가르침인 윤리 도덕이 명확히 실려져 있다. 그래서 이 가르침은 자연히 선비들이 지켜야 할 규범이 되었고, 이를 어기면 선비의 체면은 말이 아니게 되고 그들의 자존심은 땅에 떨어져 버렸다.

가령 논어의 첫머리에는 '학문을 닦는 것, 그리고 실천을 통해 학문이 몸에 배게 되니 이야말로 다시없는 기쁨이 아닌가' 하고 나온다. 선비의 생명은 학문에 있다. 학식은 선비의 자존심을 지탱해주고 있다. 문벌이 좋은 집안의 자손이 학문을 가까이 했던 이유, 사회 지도층에게 학식이 요구되는 이유가 바로 여기 있는 것이다.

일제 시대에 배우지 못했던 부모들이 해방이 되자 자식들에게만은 …… 하면서, 소 팔고 논 팔아 학교에 보내 향학열을 높인 결과, 오늘날 한국 교육이 세계 1위로 도약한 것도 바로 여기에 그 근원을 찾을 수 있다. 반상 제도나 직업의 귀천 · 계급이 사라진 지금, 현대판 선비(신사라 부르고 싶다)로서의 자존심을 지키려면 학식이 필요하다는 것을 인식하게 된 것이다. 사람이 사람답게 살아가기 위한 유용한 덕목을 깨달은 것이다.

공자는 말하되 '군자는 음식이나 거처에 있어 편하고 맛있는 것만을 찾는, 육체적인 욕망에 이끌려서는 안 된다'고 했다. 사람이면 누구나 편하게 살고 싶고, 맛있는 음식을 즐긴다. 그렇지만 선비로서의 도리는 그런 것에 집착하여 더 귀중한 것을 놓쳐서는 안 된다는 것을 가르쳐 주고 있다. 앞에서 말한 못 먹어도 배부른 체 한다는 것은 이를 두고 한 말이다. '금강산도 식후경'이 아니라, '맛있는 음식도 금강산 절경을 감상한 후'라야 선비의 자존심에 해당된 말이다. 상민常民에게는 '꽃보다 떡'이지만, 선비에게는 '떡보다 꽃'이다.

논어에는 공자 사상의 진면목을 나타내는 많은 내용이 담겨 있는데, 가령 정치를 하는 데 있어서는 덕德으로써 다스려 질서를 유지한다는 덕치주의德治主義를 가르치고 있다. 위정자가 권력을 배경으로 법률과 형벌로 백성을 다스리면 그들은 법망을 뚫고 형벌을 피하는 몰염치한 사람이 되고 말지만, 도덕에 근거한 정치를 하고 예법禮法으로 다스리면 옳지 못한 것을 부끄러워하여 나쁜 짓은 하지 않는다고 했다. 지금의 위정자가 선비 정신이 살아 있다면 이 점 명심해야 될 것이다.

우리의 역사상 한 시대에는 민주화 운동자들을 가혹하리 만큼 학대를 해서 오점을 남긴 일이 있다. 당국에서 잡아다가 혹독하게 취조를 했는데, 이는 과연 덕치주의라는 것을 알고도 그랬을까 의심스럽다. 밤새워 취조를 받던 깨끗한 선비는 날이 새도록까지 의자에 등을 대지 않고 저항을 했다. 끝까지 자존심을 지킨 아름다움을 보여 주었다.

교육도 마찬가지일 것이다. 학생을 매로 다스리면 몰염치한 사람이 될 것이고, 도덕에 근거한 예법으로 다스리면 부끄러운 짓을 하지 못할 것이다.

논어에서 귀중히 받들어야 할 것은 인仁이다. 인은 공자 사상의 근본이며, '인에 사는 것보다 더 아름다운 일은 없다'고 했다. 신사도道를 즐기는 국회의원들이시여! 신사다운 어진 사람이 되려면 몸으로 격투하는 장면만은 피하신다면 어떨지? 국회의원이 되려면 신사 자격증부터 얻도록 기본 자격을 제한하면 어떠할까?

공자는 '누구나 부귀를 원하지만, 군자는 정당하지 못한 길을 통해 얻어지는 부나 귀는 원하지 않는다'고 했다. 공금을 횡령하고, 뇌물을 즐기는 공직자들이여! 선비의 도리를 본받으려면 쥐구멍을 찾으면 어떨지? 공무원 채용 시험에는 인에 대해 답안을 쓰도록 하면 어떨까? 인사 부정을 일삼는 자들이여! 역시 명심할 일이다.

공자는 또 '아침에 도道를 깨치게 되면 저녁 때 죽더라도 좋다'고 했다. 군자의 목표는 도의 깨침이다. 도를 위해 일생동안 공부하고, 모든 것을 희생하고서라도 그 방면에 정진을 하는 것이 선비의 도리다. 또한 거기에서 자존심을 찾으려는 것은 당연하다.

'군자와 소인의 차이는 다른 데 있지 않고, 군자는 의리에 밝고 소인은 이해 관계에 밝은 것 뿐'이라고 했다. 의리에 살고 의리에 죽는 것이 선비요, 경제적 이해 관계에 밝은 것이 상인이다. 밑지고 판다고 거짓말하고, 국산이라고 속여서 팔고, 한번 올리면 내리지 못한 가격을 고수하고, 가짜 상품까지도 서슴치 않는 상인들이여! 언제쯤 가서 반성이라도 할는지?

'군자는 말하는 데는 더디나 실천하는 것에는 민첩하다'고 했다. 상인이나 많은 국회의원들은 말하는 데는 민첩하나 실천하는 것에는 더디다. 어느 때가 되면 이러한 풍조가 없어질지 생각할수록 안타깝다.

선비의 자존심을 지켜 줄 유교적 가르침을 여기에 다 내놓을 수는 없다. 케케묵은 소리라고 말할지 모르지만, 고려 · 조선조를 지내면서 불교와 유교의 가르침이 우리들의 선대先代에서 꽃피워져서, 국민 사상을 지배해 온 것이 사실이기 때문에, 그 후손인 우리 역시 그러한 사상이 습習이 되어 우리의 머리를 지배하고 있는 것이다. 습이란 옛날 화장실(측간, 뒷간)에서 냄새가 구조물에 스며서 없어지지 않듯이 우리의 심신心身에 남아 있는 것을 말한다. 그래서 유교적 가르침이 뿌리 깊게 남아, 미덕이 되어 숭상 받아 온 것을 잊을 수는 없다.

아무리 서구화西歐化의 물결이 판을 치더라도 동양적인 미덕이 사라질 수는 없고, 아무리 민주화의 사조로 옛날의 계급과 제도가 자취를 감추었더라도 점잖고 착한 선비 정신은 이어질 수밖에 없었다. 아무리 물질 문명이 발달하더라도 그에 대응하는 정신 문명은 사라질 수 없다. 이 둘은 수래의 양 바퀴와 같고, 새의 양 날개와도 같다. 고도의 물질 문명 시대가 될수록, 그럴수록 정신 문명 또한 같이 맞서 고도화되어야 한다. 그러므로 우리의 정신을 지배하였던 미덕인 선비 사상은 더욱 빛나야 한다.

사람이 사람답게 사는 규범으로 되어 있는 선비 정신을 우리 모두 굳게 지켜, 우리의 체면을 유지해야 하고, 거기에서 자존심을 찾아야 할 것으로 믿는다. 점잖고 착한 선비 정신만은 이어 가서 손해 날 것 없다.

과거 역사상 선비 되기가 어려워 한이 되었던 많은 사람들은, 해방 이후 내 자식만이라도 선비가 될 수 없을까 해서, 숨막히는 노력을 한 결과 한국이 교육열 세계 1위의 나라가 되었다. 그런데 그 성과를 보면 꼭 성공했다고 보기는 힘든 것 같다. 그 죄는 학교 교육에 문제가 있는 것으로 보여 아쉽다.

목욕하는 마음

나는 목욕하기를 좋아한다. 동네 목욕탕에 갈 적에는 마음이 기뻐서 발걸음이 가벼워진다. 목욕하기를 좋아하지 않는 사람은 게으르기 때문이라고 나는 생각하고 있다.

내가 목욕을 좋아하는 데에는 이유가 있다. 첫째로 몸을 깨끗이 하면 개운하고 마음까지 맑아져서 좋은데, 특히 나는 땀이 잘 나서 씻고 싶어서이고, 다음으로는 신경통으로 어디가 결리거나 허리가 아프거나 수술한 다리가 쑤실 때면, 뜨거운 탕 안에 푹 몸을 담그고 나면 물리 치료가 되기 때문이고, 또 한 가지는 탕 안에서 추리推理를 하면 좋은 생각이 떠오르기 때문이다.

나는 탕 안에서 아르키메데스를 생각할 때가 있다. 아르키메데스Archimedes(B.C. 287~212)는 고대 그리스의 과학자 · 수학자 · 기술자로, 원주율과 공의 부피를 산출하기도 하고, 아르키메데스의 나선을 발명하여 양수기로 사용되기도 하고, 도르래를 사용하여 혼자 힘으로 마스트가 셋인 군함을 해안에 끌어올리는 기이한 실험을 보여 주기도 했는데, 투석기投石器 · 기중기 같은 기계를 만들어 내기도 했으며, 특히 아르키메데스의 원리(부력浮力의 법칙)로 유명하다.

시라쿠사의 왕 히에론 2세가 장인에게 순금 덩어리를 주어 왕관을 만들게 했는데, 그 왕관에는 금을 다소 빼내고 은이 섞어 있다는 고발이 있었다. 이 왕관의 감정을 부탁 받은 아르키메데스는 어느 날, 더운 물이 가득 찬 욕조에 잠겨 있을 때 욕조에 잠긴 자기 몸과 같은 부피의 물이 넘쳐 나가고, 체중이 가벼워진다는 것을 발견하고, 너무나 기쁜 나머지

"알아 냈다. 알아 냈다"

하고 외치면서 알몸인 채 거리로 뛰쳐 나왔다고 하는 유명한 이야기가 있다.

여기서 생각을 얻어, 그릇에 가득 채운 물 속에 왕관을 넣어 넘치는 물과, 왕관과 같은 무게의 순금을 물에 넣어 넘치는 물의 양이 차이가 있다는 것으로부터 왕관의 부정不正을 알아

내었다. 순금과 합금과는 무게가 다르다. 따라서 같은 무게라면 부피가 다르다. 부피가 다르므로 넘치는 물의 양이 치이가 있게 된다.

동시에 이로부터 아르키메데스의 원리를 발견하게 되었는데, 그 원리란 '액체에 잠긴 물체는 그 물체가 밀어낸 액체(물체와 같은 부피)의 무게 만큼 가벼워진다(무게와 같은 부력을 받는다)' 하는 것이다. 부력이란 아래로 작용하는 중력과는 반대로 위로 작용하는 힘이다. 이 원리를 사용하면 앞에서와 역으로, 왕관과 그리고 같은 무게의 순금을 같이 물에 넣어 그 무게를 달 때, 무게가 같으면 왕관이 순금이라는 것을 쉽게 알 수 있을 것이다. 또 이렇게 되면 부력이 같다는 것이므로 밀어낸 물이 같아서, 무게를 달아 보는 대신 넘치는 물을 재보아도 감정이 된다. 다시 앞에서의 말과 같아진다.

또 물 속의 왕관 무게가 공기 중에 있을 때보다 가벼워지는데, 그 감량이 넘쳐 나간 물 무게와 같다면, 감량 즉 부력이 밀어낸 물의 무게에 해당한다는 아르키메데스의 원리가 증명된다. 지금으로부터 2,200년 전의 일이었다. 나는 가끔 탕 안에서 아르키메데스와 같이 이런 추리를 한다. 그럴 때면 내가 그때의 아르키메데스가 된 기분이다.

여하튼 이렇게 해서 아르키메데스는 목욕탕 안에서 위대한 발견을 했는데, 탕 안에서 생각을 하는 습관을 가졌다는 면에서 나와 일치한다. 아르키메데스가 지금 살아 있다면 나에게서 배웠다고 할 수도 있는데, 과거의 사람이니 그럴 수는 없는 것이고, 그렇다고 반대로 내가 그에게서 배웠느냐 하면 그것도 아니다. 나는 그저 그랬을 뿐이다. 글을 쓰는 것이나 바둑이나 다른 어려운 문제라도 자연스럽게 탕 안에서 생각하고, 또는 걷기 운동에서 생각해 낸다. 생각하는 것을 좋아하기 때문에 나는 항상 이렇게 두 마리 토끼를 잡고 있다. 나는 생각하기 위해 이 세상에 태어났다고 항상 생각하고 있다. 그러면서 생각을 한다. 이러한 글도 그렇게 생각을 해서 쓰게 된다.

일본인은 매일 목욕을 즐긴다. 지금은 늙었다고 안 가지만, 과거 한동안 자주 일본에 여행할 때면 매일 조석으로 온천욕을 즐겼다. 여행 계획을 세울 때 온천장에 꼭 숙박을 하도록 세심하게 머리를 짜면 된다. 일본은 온천이 많으므로 그렇게 하는 것이 가능하다. 1주일 여행을 하고 나면 피부가 달라지고, 몸과 마음까지도 맑아져서 확실히 목욕이 좋다는 것을 느낄 수 있다. 이렇게 목욕을 하면 몸뿐이 아니라., 심신이 같이 깨끗이 닦아진다는 맛이 있다는 것이 중요하다.

선녀仙女들이 선녀탕에서 목욕을 하는데, 나무꾼이 훔쳐 본다는 옛 이야기가 있다. 이 때 나무꾼은 무엇을 훔쳐 보느냐

하면 선녀의 아름다움일 것이다. 선녀란 선경仙境에 살아서 깨끗함과 아름다움의 대명사같이 되어 있다. 깨끗하고 아름다운 선녀, 깨끗함은 목욕을 통해서 유지되므로, 선녀에게 목욕 이야기가 따랐을 것이다. 그래서 목욕에는 이런 뜻이 따라다닌다고 보면, 목욕이라는 말의 이면에는 깨끗하다는 것이 숨어 있음을 인정해야 한다. 그것도 몸뿐이 아니라 마음까지도 그렇다. 목욕을 할 때에는 이러한 마음가짐이 중요한 것으로 생각된다.

앞에서 말한 바와 같이 땀이나 때를 씻어 내는 것이 목욕이지만, 그 외에 목욕은 예로부터 샤머니즘이나 종교적 의미와도 밀접한 관련을 맺고 있다.

목욕은 단순히 물로 청정하게 한다는 의미 외에, 물 자체에 주력呪力(초자연적 신비적인 힘)이 있다고 생각하여 사용하는 경우가 허다하고, 또 물은 사람을 불사不死케 한다는 상징적 의미에서 사용하는 경우도 있다.

우리나라에서는, 유두일流頭日(음 6월 보름)이 되면, 여염집 부녀자들이 동쪽의 맑은 계곡 등에서 몸을 씻으면서 심신의 더러움을 떨쳐 버린다는(재앙을 없앤다는) 풍습이 있었다. 목욕재계沐浴齋戒라는 말은, 이렇게 목욕하고 마음을 가다듬어, 부정不淨을 피한다는 말로 사용되어 왔다.

유두乳頭라는 말은 동류 두목욕東流頭沐浴의 준말로, 동류에 가서 머리를 감고 목욕을 한다는 뜻인데, 이는 동쪽이 양기가 왕성한 곳이기 때문이다. 유두에는 물맞이하기 좋은 곳에 아낙네와 기생들이 떼를 지어 모여들어, 포장막을 치고 머리를 감고 몸에 물을 묻히면서(목욕) 하루를 지냈다. 이렇게 유수流水에 몸을 씻는 것은 물에 정화력淨化力이 있다고 믿어, 심신의 더러움을 떨쳐 버리려는 보편적 습속이다.

유두가 아니라도 제사를 지내거나 재齊를 올릴 적에는 목욕재계를 하는 것이 상례로 되어 있다. 심신을 깨끗하고 맑게 해서 선조님을 모시는 것이 예절로 돼 있는 것이다. 재란 명복을 비는 불공佛供을 말한다.

상례(초상) 때 염습에 있어 목욕을 시킨 뒤에 수의를 입히는데, 이 때의 목욕은 향탕수香湯水로 사자死者의 머리를 감기고 상체와 하체를 씻고 있다. 향탕수란 향을 넣어서 달인 물이다. 그런데 이 목욕은 생전의 목욕과는 달라 극히 형식적이다. 그러니까 목욕이라지만, 이름만 목욕이지, 마음으로 하는 목욕이다. 이 점에 주목할 필요가 있다. 마음으로 하는 목욕도 있다는 점이다. 이 점에 있어서, 다른 종교에서는 어떤지 잘 모르지만, 불교에서의 장례 의식을 보면, 목욕을 시키면서 그 법문法門에 '자신의 마음을 허공처럼 깨끗이 하여 망상과 번뇌를 모두 여의면 마음 향하는 곳마다 막힘이 없다' '이제 허망하고 거짓된 속진을 씻어 버리고 금강석처럼 무너지지 않는 법신法身을 얻었다'고 하고, 마음을 깨끗이 하는 목욕이라면서 망상과 번뇌 같은 거짓된 속진을 씻는다고, 마음으로 목욕을 시키고 있다.

인도의 힌두교에서는 매일 아침 강이나 저수지 등에서 목욕을 하고, 신상神像에 예배한 뒤 식사를 한다. 인도인들은 갠지스 강을 신성하게 보아, 더러움을 제거하고 청정을 얻기 위해 그 강에 목욕하는 일이 잘 알려져 있다. 사실은 우리가 보기엔 이 물은 더럽다. 인도인은 화장비를 상시 휴대하고 있는데 도둑도 화장비는 빼앗지 않는단다. 죽으면 이 돈으로 화장을 하는데, 돈이 부족되면 타다 남은 뼈를 갠지스 강에 던진다고 한다. 화장비가 없으면 그대로 돌을 달아 수장을 한단다. 이렇게 더러운 물인데도 성수聖水라고 하여 목욕하고, 먹기까지 해도 병은 안 걸린다. 마음으로 한다고나 할까?

이슬람교의 사원 앞에는 목욕장이 있어, 사원에 참배하는 자는 여기서 정결하게 몸을 씻어야 하는 규칙이 있다. 이 목욕 역시 때를 씻는 것은 아니고, 마음으로 하는 마음을 깨끗이 하는 목욕일 것이다.

그리스도교의 세례洗禮도 같은 맥락에서 해석할 수 있다. 세례는 그리스도 교회에서 행해지는 입신入信의 의례인데, 입교하려는 사람에게 죄악을 씻는 표시로 행하는 의식이다. 원래는 강물이나 물통에 온몸을 담그는 침례였으나, 오늘날에는 일부 교회를 제외한 대부분의 개신교회와 카톨릭 교회에서는 물로 머리를 적시거나, 이마에 물을 뿌리는(点水) 약례略禮가 보통이다. 그것을 목욕으로 보는 것이니까 역시 마음으로 마음을 깨끗이 하는 것이라 할 수 있다. 신약성서에 의하면 예수도 요르단 강에서 세례자 요한에 의해 세례를 받았다고 나온다. 이러한 식의 물에 의한 입신 정결 의례는 그리스도교뿐 아니라, 동서고금의 여러 종교들에서도 볼 수 있다.

지금까지 말한 것은 목욕을 하면 몸과 마음이 깨끗이 맑아진다고 했고, 다음에는 마음을 깨끗이 맑게 하는 목적의 목욕도 있다고 했고, 또 마음만으로 마음을 깨끗이 하는 목욕에 이르기까지를 말해 왔다.

이제 다음은 물도 사용치 않고 마음만으로 마음을 깨끗이 하는 목욕인, 마음의 목욕도 있다는 것을 알아야 할 차례인데, 그것이 무엇이냐 하면 한마디로 말해 수행修行이다. 수행이야말로 마음의 세탁이다.

수행의 첫걸음은 계戒이다. 종교에서는 계를 지키는 것을 지계持戒라 하는데, 지계란 계와 율律을 굳게 지켜 악업惡業(나쁜 소행)을 멸하고 몸과 마음의 청정을 얻는 것이다. 이 중 율은 지키라는 규칙처럼 하지 않으면 안 되는 것을 표시한 것으로, 타율적이고 밖에서 지키는 것이며 법률적이고 소승적이다. 이와 대조적으로 계는 스스로 지킬, 해서는 안 되는 것을 표시한 것으로, 자율적이고 안에서 지키는 것이며 도덕적이고 대승적인 것을 말한다.

계율을 받드는 것은 그 다음에 하는 선정禪定의 전제가 된다. 지계가 되면 선정이 쉽게 되어, 선정을 수행하기 위한 수단 방편이 된다. 선정은 마음을 한 곳에 모아 움직이지 않게 하고, 산란한 마음을 다스리는 수행이다. 그럼으로써 번뇌를 가라앉히고 삼매三昧를 성취하게 된다. 선정 또한 지혜를 얻기 위한 방편이다. 지혜는 어리석음을 고쳐 진리를 밝게 여는 뛰어난 지성이요 눈뜸이다. 여기서 구해지는 것이 보리菩提이다. 보리란 최상의 이상인 정각正覺의 지혜다. 이렇게 해서 계에서 정定으로, 정에서 혜慧로 수행의 목욕을 통하여 궁극의 목표인 보리에 도달하는 것이다.

계를 지키지 못하여 파계했을 적에는 참회를 해서 업장業障을 소멸시켜야 하는데, 이 또한 목욕이다. 참회란 죄악을 깨달아 뉘우쳐 고친다는 말이고, 업장이란 악업에 의해 생겨난 장애다. 참회는 불교의 경우, 포살布薩이라 하여 매월 15일 · 30

일에 스님들이 같이 모여서, 지난 반 달간의 행위를 반성하고 죄가 있으면 고백하여 뉘우쳐 고친다. 기독교에서는 고백성사告白聖事(告解聖事)라 하여, 세례를 받은 신자가 범한 죄를 뉘우치고, 천주님 또는 그 대리자인 사제司祭(주교와 신부)에게 고백하여 용서 받는 일이다. 이렇게 해서 마음의 목욕이 된다.

마음의 목욕은 수행에서 뿐 아니라 일상 생활에서도 있다. 이 목욕이 없다면 한 시도 이 사회를 살아갈 수 없을 것이다. 알기 쉽게 스트레스가 생기면 나의 수상집(9)의 방법에 따라 방위 해소해야 하는데, 그것도 마음의 목욕이다.

인생을 살아가는 것 자체가 고苦라고 한다. 이 괴로움에서 벗어나려면 언제 어느 때고 마음의 목욕이 있어야 한다. 괴로움의 근원은 욕구 불만에 있다. 그러므로 욕심을 버리는 목욕을 해서 마음을 비우면 마음이 깨끗하고 맑아진다.

살다 보면 마음을 어디에 머물게 하느냐에 따라 사태가 180도 달라져서, 행복하기도 하고 불행이 되기도 한다. 거지는 불행하지만 본인은 편해서 행복하단다. 외곬으로 한쪽만 보지 말고 그저 그러려니 하며 전체를 보는, 편견과 집착을 경계하는 마음의 목욕이 필요한 때가 많다.

딸이 좋다

옛날에는 고추 달린 놈 낳기를 좋아했으며, 고추가 아니면 얼굴을 찌푸리고 며느리를 내쫓기라도 할 기세였다. 사실은 아들이냐 딸이냐 하는 데는 며느리는 아무 죄가 없는데도, 시부모는 임신에 대한 과학적 지식이 없기 때문에 그러했다.

고추 선호 현상이 두드러졌던 까닭은 충분히 이해가 간다. 딸은 시집 보내면 출가 외인이 되지만, 아들은 나의 분신分身과 같아서 장성하여 나를 봉양해주고 집안 대소사大小事를 맡아 책임 질 내 집의 기둥이요, 그러기에 내가 죽으면 장사 지내고 제사 올리고 묘지 벌초하여 관리하고, 그렇게 해서 대대손손을 이어 갈 씨알이기 때문이다.

그런데 언제부터서인가 아들보다 딸이 좋다는 말이 나오기 시작했다. 그 이유가 무엇인가 아둔한 나로서는 판단이 잘 안 가지만, 곰곰이 생각해보면 이유가 슨 것도 같다.

그 주범은 며느리라고 나는 본다. 옛날에는 칠거지악七去之惡이라고 해서, 잘못이 되면 내쫓길 이유에 7가지가 있을 정도로 시집살이가 매서웠지만 지금은 다르다. 민주화가 되어서 그런지, 여성이 고등 교육을 받아 이론을 세운 목소리가 커져서 그런지, 입장이 바뀌어서 시어머니가 며느리에게 시집살이를 하고 있다고 보일 정도로 푸대접을 받고 있다. 그래서 고부간의 갈등은 심해지고, 그러고 보니 부부는 일심 동체라고 착각한 아들이 가재가 되어 게 편을 들게 되니, 그 효도를 바랄 수 없게 되었다. 며느리의 발언권이 어느 정도로 강해졌는가는 학부형이라는 말이 학부모로 바뀐 것만 봐도 알 수 있다. 학생의 아버지 대신 형이 학교에 나왔던 시대는 어느새 가고, 지금은 바뀌어서 어머니가 나오고 있다. 아버지가 집에 있어도 어머니가 나오기도 한다. 그만큼 여권 신장이 되었다. 심하면 치마 바람이라는 말까지 나온다. 그러니 며느리의 여권이 너무나 커져서 아들의 효심孝心을 해킹hacking해 버렸다.

그런가 하면 시집 간 딸 집은 어떤가? 사위가 장인 · 장모에게 아버지 · 어머니 하면서 가까이 온다. 이걸 보면, 아들이 결혼하면 남의 자식 된다는 말이 요즘은 실감 나게 돼 있다. 그러고 보니, 옛날에는 청양 고추보다도 매운 시집살이를 하느라고 정신을 못 차렸던 시집 간 딸이, 이제는 시부모는 차버리고, 남편의 선심에 편승하여 친정에 관심을 가지고, 가짜 부모(시부모)가 아닌 친부모에게 차차 효심을 발휘하게 된 것 같다. 이렇다면 아들의 효심은 도둑맞은 반면 딸의 효심이 살아났다는 것이다. 그러니 세상 사람들이 딸이 더 좋다고 궤변이 아닌 진실을 털어놓은 것이 아닌가 생각된다.

우리 앞집은 딸만 둘 가졌는데, 형제가 교대해 가면서 사위와 같이 오면 냉장고가 갈비 등속으로 가득 채워지고, 돈 봉투도 내놓고, 가끔 외국 여행도 동행해 간다. 딸 상위 시대에 딸만 가졌으니 더욱 행복해 보인다. 세상은 어느새 변해서 효자는 숨어 가고, 효녀 심청은 늘어나는 기현상이 나타나고 있다.

나도 딸만 둘이 있다. 첫째는 이 양이고, 둘째는 차 양이다. 왜 딸들의 성이 나와 다르냐고 하겠지만 내 집은 그렇게 돼 있다.

첫째 이 양은 내 밑에서 근무해서 가까워졌는데, 아버지가 G 고교에서 근무하다가 갑자기 세상을 떠났다. 그래서 아버지에 대한 그리움과 서글픔에 못 이겨 안색이 어둡고 우울한 표정이었다. 사람이란 믿고 있는 기둥이 우연히 무너지면 대신에 의지할 곳을 찾게 되는 것이 순리일 것이다. 그러한 마음과 거기에 대응한 무자식인 나의 마음이 묘하게 연결이 되었는지 몰라도 결국 일이 생겼다.

하루는 서무과장이 나에게 말을 던졌다. 내일 직원 소풍을 가는데 같이 가지 않겠느냐고. 기쁘게 받아들여 동행키로 했다. 전원이 사무직이고 교직은 나 하나뿐이다.

다음날 아침 차에서 내려 걸어가는데, 내 뒤에는 여직원 4~5명이 5m 정도 거리를 두고 따라오고 있었다. 누군가가 아버지 도시락 좀 들어 드리라고 한 말이 들린다. 내가 뒷짐 지고 들고 있는 도시락을 보고 하는 말이었는지, 곧 이 양이 오더니 보자기를 빼앗았다. 자기 본심이 움직이고, 그 마음이 그릇을 넘칠 때 가까운 사람에게 토로하게 된다. 여직원들이 나를 이 양의 아버지라고 공공연하게 부르게 될 적에는 그만한 사연이 있었을 것이다. 나는 이렇게 해서 하루 아침에 딸을 하나 얻었으니 흐뭇하고 행복했다. 지금은 먼 서울에 살고 있다. 잘 살기를 기도하고 있다. 어렵게 살텐데 도와주지 못해 미안하다.

둘째 차 양도 내 밑에 근무해서 가까워졌는데, 간호사가 되어 서울 병원에서 근무하다가, 오빠가 군대 가서 알게 된 친구와 결혼하여 지금은 강릉에서 살고 있다. 사업체를 가지고 있는데, 차 양은 상업고교에서 배운 능력을 살려 경리와 사무를 보고, 남편은 대외 업무를 담당하고 있다.

지금도 효도할 줄 모르는 사람에게 여기를 보고 배우라는 뜻에서, 차 양이 나에게 베풀고 있는 효심을 살짝 귀띔해주고자 한다. 심심하면 보내온다. 무엇을? 내 먹거리다. 늙은이에게 보내고 싶은 것이 무엇이겠는가? 그것밖에는 없을 것이다. 오대산 산나물 · 찰옥수수 · 감자 · 황태 · 강원도 생선 · 동해 기정떡 · 오대산 설악산 막걸리 · 송이 버섯 등등 하늘같이 땅같이 많아 여기에 다 말하기 어렵다. 그러지 말라고 해도 보내오니 할 수 없이 받아 주고 있다. 그뿐이 아니다. 안부를 묻다가 가끔 둘이서 찾아와 위로해주기도 한다. 나의 행복을 위한 마음에서 온 것이다. 이럴 때면 '나에게도 딸이 있구나!'하고 마음이 든든해진다.

원래 효도란 물질로 이루어진다고만 생각하면 그것은 큰 잘못이다. 진실한 효도는 부모의 마음을 편하게 하여 행복을 느끼게 하는 데 있다. 그렇다면 위에 말한 것은 물질적인 하급의 효도에 해당하는 것들이 아니냐고 반문할지 모르지만, 거기에 대한 나의 대답은 이렇다. 물질이든 무엇이든 따질 것도 없다. 내 마음이 좋으면 되는 것이다. 또 물질로 보이면서도 물질이 아닐 수도 있다. 나는 단순한 물질로 보지 않는다. 정성을 다한 숨은 마음을 느낄 때 내 마음은 고마움과 아울러 흐뭇해진다.

이렇게 복을 짓고 있으니 사업이 날로 번창하고, 두 아들이 곱게 잘 풀려 부모를 닮아 장차 효도할 것으로 믿고 있다. 큰애는 기능 올림픽에도 출전했다. 벌써 효도의 시작이다. 그래서 내 마음은 항상 만족하고 있다.

사람들 말에 딸 자랑하면 안 된다지만, 사실을 사실대로 말하지 않을 수 없다. 이제는 세상이 바뀌어서 아들보다 딸이 효도하고 있다는 것을 가까운 데서 보기를 들어 말한 것이다.

딸이 좋다. '죽은 자식 고추 만져 보기'라는 말은, 만진다고 다시 살아날 리가 없건만, 고추가 하도 아까워서 하는, 아들 선호에서 나온 말일 것이다. 그런데 이제는 고추를 만질 필요가 없을 것 같고, 앞으론 그런 말 자체도 없어질 것 같다.

딸이 좋단다. 그런데 딸이 없다. 모두 어디로 갔을까? 서울을 비롯한 도시로 갔다. 그래서 시골에서는 다문화 가정이 생겼다. 물건같이 외국에서 수입해 오듯이 모셔 왔다.

아들딸은 같은 수효로 태어났다. 조물주가 만든 것은 아니지만 그렇다. 그런데 예전에는 도시·농촌 할 것 없이 혼인

상대에 부족함이 없으면서, 묘하게도 딸이 남아돌아 도시의 술집과 다방에 넘쳤다.

지금은 어떠한가? 시골에서 딸들이 도시로 갔고, 도시의 술집과 다방이 거의 없어졌는데도 도시의 딸들은 묘하게도 남지 않는다. 어디로 갔을까? 모르겠다. 예전에 도시에 남아돈 딸들 그리고 시골의 딸들이 같이 없어졌으니 신기한 일이다. 귀여운 딸들이시여! 빨리 돌아오라! 그래야 다문화라는 말이 없어지겠다.

도청 소재지에 이웃집같이 가까이 딸이 살고, 아들은 서울에 살고 있는 어머니, 서울에서 아들이 오란다. 그런데 어머니, 눈물을 흘리면서 거부한다. 왜일까? 딸이 좋아서 그 가까운 곳에서 살고 싶어서다. 이걸 보아도 딸이 더 좋다는 증거다. 이렇게 좋다는 딸들이시여! 빨리 부모 곁으로 돌아오시라. 좋은 말로 할 때 돌아오시라. 나를 낳아 준, 그 누구보다도 소중한 부모님들 돌아가시기 전에!

평화선의 주역들

요즈음 사람들은 평화선平和線, Peace Line에 대해 대부분이 모를 것이다. 1952년 1월 18일의 '대한민국 인접 해양의 주권에 대한 대통령 선언'에 의해 설정된 해양선을 말하는데, 보통 '이승만 라인'이라고 했다.

이 해양선이 생기기 전에 맥아더 라인MacArthur Line이라는 해역선이 있었는데, 이는 2차 대전의 영웅인 미국 극동 주둔군 사령관 맥아더 장군이 점령중인 일본의 어로 활동을 정한 선이었다. 이 선은 52년 4월 28일에 발효된 샌프란시스코 대일 강화 조약에 의해 없어졌다. 맥아더 장군은 일본의 패전과 함께 연합국 최고 사령관으로서 45년 8월 30일 일본에 진주하여, 일본의 비군사화 · 민주화 등의 대일 점령 정책을 수행하여, 전후 일본의 새로운 권력자로 군림했었다. 맥아더 라인은 1945년 9월에 선언되었다. 50년 6 · 25 전쟁 때에는 UN군 총사령관으로서 인천 상륙 작전을 지휘하여 공산군을 격퇴시켰으나, 중공군이 참전하자 중국 본토 폭격 등 강경책을 주장, 트루먼 대통령과 대립하여 51년 해임되었다. 만일 그때 폭격을 했더라면 세계 정세의 판도가 크게 달라졌을 것이다. 인천의 자유공원에는 특유의 파이프를 물고 바다를 보고 서 있는 동상이 있다. '노병은 죽지 않고 다만 사라질 뿐이다'라는 유명한 말을 남겼다.

이와 같이 위대한 인물이 인접국을 보호하기 위해 일본의 어로 활동을 제한하였는데, 강화 조약으로 없어졌으므로 이에 대치할 목적으로 설정된 것이 평화선이었다. 이 선은 장차 일본과의 어업 분쟁 가능성을 미리 방지하기 위한 것이었으며, 시기적절한 조치였다. 대일 강경 노선인 이 대통령의 고집을 그대로 평가한 것이 이李 라인으로 불리게 되었다고 할 수 있지만, 실무진에서도 기동성 있게 활약했음을 나도 알고 있다.

일본은 교만하고 간사한 자들이다. 지진과 태풍이 무서워 한국을 침략 식민지화하고, 그도 부족하여 만주까지 손아귀에 넣었다. 2차대전이 없이 그대로 두었으면 우리 한민족은 아마도 만주로 쫓겨나고, 기름진 한반도를 그들이 차지하여 낙원 생활을 하고 있을지도 모르겠다. 일정 때 그런 설이 있었다. 지금도 독도를 자기네 땅이라고 주장하고 있다. 나도 독도가 우리 땅이라는 증거를 수상집에서 제시한 일이 있지만, 터무니없는 억지 주장을 일삼고 있는 것을 보더라도 그들의 음흉한 속셈을 엿볼 수 있다.

평화선은 일본의 이러한 국민성을 꿰뚫어 본 한국 위정자의 속시원한 조치였다. 평화선 선언으로 선제 공격을 당한 그들은 뒤통수를 얻어맞은 격으로 깜짝 놀랐을 것이다. 이 선이 없었더라면 일본과의 어업 마찰은 불을 보듯 뻔한 일로, 무질서가 판을 쳤을 것이다. 이 선을 두고도 불법 침범하여 나포된 일본 어선이 많았음은 그를 증명하고도 남는다. 우린 어선 세력이 빈약했으므로 나포 선박을 학교 실습선으로 사용한 일도 있다.

평화선은 어업 독점 수역을 설정한 것인데, 국제법의 차원에서만 고려된 것이 아니라, 식민지 역사의 배경 위에서 설정된 의미 있는 선이었다. 이 선은 그 후 '대한민국과 일본국간의 어업에 관한 협정'에 의해 '어업에 관한 수역'으로 바뀌었다. 그 동안 일본은 평화선에 꾸준히 저항을 해 오다가 이렇게 바뀌게 된 것이었다.

당시 일본은 어업 선진국이었고, 한국은 연안 어업에 한정된 후진국이었으므로, 일본 어선의 진출에 대항하여 어업 자원의 보전과 독점을 위해 어업 관할권을 영해領海의 외측인 공해公海에까지 확대한 것은 당연하였으며, 당시 영세 후진국들에겐 그러한 사례가 있었다.

그 후 82년에 채택된 국제 연합 해양법 조약은 배타적 경제수역의 제도를 신설했는데, 이를 어업 전관 수역漁業專管水域, fishery zone이라 하며, 영해의 외측에 접하는 공해의 일정 수역을 연안국이 어업 자원의 보존과 관리에 관한 배타적인 관할권을 행사할 수 있게 되었다.

당시 평화선 설정의 주역으로 내가 여기에 내놓을 인물은 정문기鄭文基 · 문종철文鍾喆의 두 분이다. 정문기 선생님은 수산국장 재임시 평화선을 책정했고, 문종철 선생님은 법제처 제2국장 재임시 평화선을 기안한 분이시다.

정문기(1898~?) 선생님은 순천 출신으로, 29년 도쿄대학 수산과를 졸업하고, 39~46년 목포 · 부산 등 수산시험장장, 47년 농림부 수산국장 겸 부산수산대학 학장, 51~60년 수산검사소장을 지냈다. 어류학자로 한국어도보韓國魚圖譜를 완성하였고, 학술원 원로 회원, 학술원상 · 서울시 문화상 · 수당 과학상 · 국민훈장 모란장을 받았다.

내가 알고 있는 선생님은 학생 때는 럭비 운동을 했고, 학자적 양심에서 나온 고집이 강한 분으로, 수산을 공부한 것은 남이 안하는 분야를 하고 싶어서였단다. 내가 완도에 있을 때, 선생님이 오셔서 여관에 뵈러 가면 산딸기를 설탕에 재운 그릇에서 덜어서 먹으라고 주셨다. 그렇게 자상했고 건강을 몹시 챙기신 것 같았다. 나의 학교 성적이 좋다고 해서 그런지 몰라도 나를 특히 귀여워해주셨다.

한 몸으로 수산국장과 학장을 겸임하고 있을 때는 안상한安相漢(후일의 국회의원) 선생을 부학장으로 두었다. 그 무렵인 48년, 평화선 책정에 대해 내가 강당에서 분명히 들은 일이 있다. 취지 설명과 아울러 파랑도波浪島까지를 우리 수역에 포함시켰다는 것이었다.

파랑도! 1984년 3월 18일 KBS 파랑도 탐사반이, 제주대 노홍길盧洪吉(60년대 나와 같이 근무) 교수 외 제주 스쿠버 다이빙 회원·해양소년단 등 30여 명이 참여한 가운데, 조사를 한 바 있었다.

언제부터서인지 몰라도 제주도 남쪽 어딘가에 파랑도가 있다는 이야기는 하나의 전설처럼 있어 왔다. 한편 이와는 별도로 1900년에 영국 상선 소코트라SOCOTRA호가 북위 32도 8분, 동경 125도 11분 위치에 암초가 있음을 발견하고, 영국 해군

성에 항해 위험 지역으로 보고를 했다. 이 보고에 의해 확인 명령을 받은 해군 측량선 워터위치Water witch호가, 1901년에 그 위치에서, 수심 5.5m밖에 안 되는 암초가 있음을 확인 측량했다. 그 후 이 암초는 발견 선박의 이름을 따서 소코트라암岩 SOCOTRA ROCK이라는 이름으로 해도상에 나타나게 되었다.

전설적인 파랑도와 소코트라암을 연결하는 주장은 내가 알기로는 1981년에 해양학자 한상복韓相復 씨에 의해서다. 한씨는 '현대해양'지에의 기고에서

"파랑도는 암초이므로 자연적 상태에서는 영토로 정의하기에 어려운 문제점이 있다. 제주도 서남단에서 220도 방향으로 85마일, 마라도 등대에서 223도 방향으로 81마일에 있는 암초는 길이 500m, 폭 50m 간에 점재하는 화산암으로, 제일 얕은 곳이 5.5m밖에 되지 않아 바닷물에 부딪쳐 파랑이 일고 있으므로 이것이 파랑도의 실체이며, 해도에는 소코트라암으로 기재되어 있으며, 암초 부근의 수심은 50m이다"

라고 하면서 소코트라암이 바로 파랑도임을 밝혔다. 또 이 암초에는 아주 쉽게 해양 및 기상 관측 시설과 등대 시설을 갖춘 인공섬을 건설할 수 있다고 했다. 그렇게 되면 오리무중 속에 잠겨 있던 파랑도가 실존하게 됨은 물론,…… 어업에도 길잡이가 될 것이라 했는데, 이 이야기는 현실화되어 얼마 전에

지상 구조물을 완성한 바 있다. 그럼으로써 최근에는 중국의 영토 주장을 일축할 수가 있었다. 이러한 숨어 있는 중요한 암초인 파랑도를 당시에 평화선 안으로 편입시켰다는 것은, 지금 생각해보면, 정 선생님의 식견과 안목에 놀라지 않을 수 없다.

한편 파랑도와 소코트라암의 연결이 표면화된 무렵 또 하나의 이름이 나타났다. 제주도민들은 오래전부터 이어도로 불러 왔다는 것이 밝혀졌다. 노래에도 나오고, 해녀들이 노를 저을 때면 '이어도 따나' 하면서 노 젓는 박자를 맞추는 것을 나도 1950년에 목격했다.

수로국에서 밝힌 파랑도의 정확한 위치는 북위 32도 7분 45초, 동경 125도 10분 45초이며, 조석 간만의 차는 약 2.5m, 가장 맑을 때의 9월 투명도는 10m, 북서 계절풍이 강할 때의 파고는 10m로 알려져 있다.

평화선을 기안했던 문종철 선생님은 제주 출신으로, 경기고보와 일본의 제3고 · 교토대학을 나와 고등문관 시험에 합격한 분이다. 정부 요직을 거쳐 말년에 제주대 학장을 했다.

1965년 수산과를 신설해 놓고 그 해 여름에 나를 영입코자 교섭해 왔다. 반 년에 가까운 고민 끝에 결단을 내렸는데 그쪽의 요구대로 가공과 박영호朴榮浩(후일의 부산수산대 학장) 교수를 동반해서 66년 3월 1일자로 발령되었다. 이것이 제주대 해양과학대학의 시작이었다. 당시는 농학부에 소속되어 서귀포에 교사도 신축했다. 문교부에서 수산과 발전 계획을 수립 제출하라고 해서, 학과장을 맡아 있는 죄로 혼자서 팔자에 없는 어려운 과제를 연구 작성한 것이 모체가 되어, 오늘의 해양과학대학으로 발전된 것으로 알고 있다. 그러나 나는 그 결실을 보지도 못하고 사정에 의해 제주를 떠나고 말았다.

내가 사표를 제출했을 때 나를 놓치지 않으려고 얼마 동안 버틴 일이 있었고, 해임 발령 후에도 나의 복직을 권유해 와서 상당히 오랜 기간 괴로웠다. 갑자기 승용차(당시는 찦차)를 내 집으로 보내서, 강제로 서귀포의 요정에 앉혀 놓고 술을 권하며 복직을 권유 받았던 일이 지금도 생생하다. 문교부에는 합의가 돼 있으니 서류만 내라는 것이었다. 그랬지만 끝끝내 나는 사양을 하고 떠나야 했다. 지금까지도 마음에 걸린다. 대단히 죄송했지만 공직에서 떠나고자 하는 나의 마음에 변함이 없어 어쩔 수 없었다.

선생님은 술 실력이 대단했다. 교수들과 요정에서 어울리면 술자리가 새벽까지 가는 것이 상례였다. 제3고 재학시에는 혼자서 배갈(고량수) 27홉을 먹고 있을 때, 주인이 창지를 침 발라 뚫고 죽었는가 살았는가 보고 간 일이 있었단다.

교수들 간에는 후루시초프로 별명이 통했었다. 소련 당 제1 서기이며 58년 수상이 된 후루시초프와 용모가 닮았고, 성격 또한 비슷해서 상당한 독재성이 있다고 해서였다. 그래서 한 번은 농학부 교수들이 반기를 든 일이 있었다. 곧 수습이 되었지만.

오락으로 가스(제주 화투 놀이) 치기를 좋아해서, 건축가 김중업 씨가 오면 둘이서 물고 늘어졌었다. 김씨는 대학 건물 설계를 빠짐없이 맡아 있어 자주 왔었다. 어떻게 보면 술보다도 더 즐긴 것도 같았다.

평화선을 선언케 하신 공로자 두 분께 마음 깊이 경의를 표합니다.

안녕하세요?

우리 동네 거리를 청소하는 아주머니는 만날 때마다 "안녕하세요?" 하고 인사를 한다. 50대로 보이는 이 미화원은 어디 사는지 성이 무엇인지 전혀 모르는 분이고, 더구나 이쪽을 알 리도 없다. 이런 분에게서 인사를 받으면 기분이 안 좋을 리가 없다. 여자라서 그런 것이 아니라, 인간 사회가 따뜻하게 느껴지고 친밀감이 든다. 모든 사람들이 저 아주머니를 닮은다면 얼마나 좋을까 하고 생각한다. 너무나 고마워 오히려 미안한 감이 들어

"인사를 잘하시네요!"

해보면

"무슨 그런 말씀을……. 동네 어르신들에게 당연히 인사를 드려야지요"

한다. 마음이 아름다운 대답이다. 그러면 또 더욱 고맙고 안쓰러워서

"누가 이렇게 버렸지? 이놈들을 혼내 줘야지!"

하게 된다.

나의 걷기 운동하는 길에서 과일 노점상을 하는 남자도 보자마자 반드시 인사를 한다. 그래서 그런지 장사가 잘 되어, 1톤 차에 가득 싣고 와 하루에 다 팔고 있다. 무슨? 인사 좀 잘한다고 과일이 잘 팔리겠느냐고 할지 모르지만, 여기에 대해 모르는 사람은 몰라도, 사리가 그렇게 돌아가게 되어 있다. 이것은 중요한 일로, 그러한 원리가 이해가 되도록 공부가 되어야 하며, 세상 만사가 그렇게 된다는 것까지 알아야 한다.

"손님은 왕이다"라고 한다. 왜 왕인가? 손님이 없으면 장사는 안 되고, 그러면 나는 먹고 살 길이 없어지기 때문에 손님을 왕으로 모시는 것은 당연한 것이다. 그 왕으로 모신다는 첫걸음 · 첫단추가 "안녕하세요?" "어서 오십시오!" 하는 인사다. 이 인사가 익어 가서 친절하고 따뜻하게 대하게 된다. 그러한 마음이 손님에게 전해지면 손님과 마음이 통하게 되어 손님이 많을 수밖에 없다. 이 과일 가게에서는 손님을 왕으로

대하는 마음으로 박리다매를 하고 있다. 그렇게 해서 하루에 한 차가 팔리게 돼 있다.

장사치란 가지가지 술수를 부리는 것이 상례로 되어 있다. 그러한 상술이 없으면 장사가 안 된다. 그런데 이 과일상에서는 "안녕하세요?" 하는 한마디에 술수 같은 것은 여름에 얼음 같이 녹아 없어져 버린다. 그래서 술수 대신 손님과의 마음이 통함으로써 오히려 장사가 잘 되고 있는 것이다. 보고도 멀뚱멀뚱 인사 한마디 없는 동네 마트에는 손님이 별로 안 보이는 것을 봐도 알 수 있다.

더 간결하고 쉽게 말한다면, 손님에게 복을 짓고 있으니 이 가게는 복을 받고 있는 것이다. 복은 짓는 대로 받게 돼 있다. 그렇다고 복 받으려고 복을 짓고자 하는 것은 안 되지만.

또 다른 말로 고쳐 말한다면 이렇다. "안녕하세요?" 할 적에는 입에서 흘러나오는 단순한 말로만 생각해서는 안 된다. 이 인사말은 마음 없이는 하지 못한 것이므로 입에서가 아닌 마음에서 나오는 것이며, 그때의 마음은 어떠한 마음이냐 하면, 나를 낮추고 상대를 높이는 마음이다. 이렇게 하는 것을 하심下心이라 하는데, '내가 나다' 하는 자존심 · 자만심 · 이기심 따위가 없어진 겸손한 이 상태에서는 손님과 내가 일심동체가 될 수 있는 것이다. 그래서 마음이 서로 통하게 되니 그 다음은 설명이 필요 없을 것 같다.

역시 나의 다리 운동 길에서 채소를 파는 아주머니도 "안녕하세요?" 한다. 인사를 잘한다고 하면

"그래야지요, 안하면 내가 나쁜 년이지요"

하고 '년'자까지 붙여 하심을 일으키고 있다.

동네 병원에서 매일 치료를 받고 있는 중노인이 있다. 소아마비를 앓았는지, 중풍에 걸렸는지 보행이 불완전하면서도 언제나 큰 가방을 등에 지고 다니는데, 만나기만 하면 모자를 벗고 머리 숙여

"안녕하데요?"(발음이 그렇다)

한다. 몸에 결함이 있는 사람들은 언제나 나는 병신이다, 못났다 하고 하심의 상태에 있다(나의 경우 다리 골절상에도 그러했다). 그러니 만나면 극진하게 절까지 하게 된다. 감기만 걸려도 '내가 나다'는 없어진다.

얼굴도 모르는 아이들이 "안녕하세요?" 한다. 그러면

"어이, 잘한다"

하고 대꾸를 해주지만, 이는 학교에서 배운 대로 한 것이니 당연하다고도 하겠는데, 한편 생각해보면 가정 교육이 없이 학교 가르침만으로 될 수 있을까 하게 되고, 이 역시 '나는 어린이, 상대는 어른!'하는 하심의 발로임을 알 수 있을 것이

다.

내 잘못도 없이 교통 사고로 죽었다가 3일 만에 살아난 사람이 있었다. 그런데 그 범인은 내내 미안하다는 말 한마디 없었고 문안도 없었단다. 이 범인은 내가 잘났다는 자만심 때문에 하심을 일으키지 못한 것이다. 나는 이런 자에게는 '개놈의 새끼'라고 욕을 한다. 내가 하는 욕 중에 가장 큰 욕이다. 개 놈의 새끼라면 강아지인데, 내가 가장 좋아하는 것이 강아지지만, 여기서는 다르다. '개 같은 놈' '개의 새끼', 그러니까 너의 부모가 개라는 뜻이니 지독한 욕이다.

우리에게는 건강이 제일이다. 다른 일도 중요한 것이 많지만, 살아가는 데에는 건강보다 더 귀중한 것은 없을 것이다. '안녕하세요?' 하는 것은 평안하느냐, 안전하고 태평하느냐, 무사히 잘 있었느냐, 무사하여 걱정이 없느냐, 몸이나 마음이나 잡안이 평안하느냐 하는 따위 뜻의 안부를 묻는 문안 인사이며, 거기에 더 숨은 뜻을 붙여 '만수 무강하옵소서' 하는 마음을 표한 것이라고도 볼 수 있는데, 꼭 그런 것이 아닌 단순한 인사로도 볼 수 있다. 영어의 '좋은 아침', 일어의 '이른 아침' '오늘은!' 하는 식으로도 볼 수 있다는 말이다. 이들은 입에 발린 말로 이렇게 극히 형식적인 인사를 하고 있는 데 비해, 우리의 '안녕하세요?' 하는 인사는 마음이 나타내는 문안을 하고 있다는 점이 다르다. 이 한마디로 세상의 대인 관계가 기름 친 기계처럼 매끄럽게 돌아가고 있다. 노래 '나팔꽃 인생'에서도 '안녕하세요?' 하며 시작된다.

나는 한때 안녕하지 못하여 심장 수술을 했다. 수술 중 죽을 것도 같아 마음에 거부감도 있었지만, 죽음을 각오하고 결행했다. 그러지 안했더라면 09년에 세상을 떴을 것이다. 수술을 포기하면 앞으로 1년 더 살 수는 있는데, 수술은 위험해서 강행하다 죽으면 바로 끝장이다. 그렇게 보면 1년 더 살려면 수술을 말아야 되지만, 성공만 하면 더 오래 살 수 있다는 것을 깨닫고는, 결행하자고 하는 것이 나의 소신으로 굳어져 오늘의 내가 존재하고 있다. '안녕' 하는 인사말을 들으면 언제나 그때의 생각이 머리를 스쳐 기억이 되살아난다. 그때 수술 중 갔더라면? 또 수술을 포기하고 09년에 갔더라면 지금 내 영혼은 어디서 무엇을 하고 있을까? 저승에서 바둑을 두고 있을까, 글을 쓰고 있을까, 거기까지 미치면 아찔해진다.

내가 제주에 가면 옛 제자들이 모인다. 수술 직전인 그 자리에서, 나와 동갑이면서 다정히 지냈던 K 교수의 안부를 물었더니 돌아가셨다고 했다. 또 그 자리에서 P 교수 별세의 신문 보도도 접했다. 내가 수술 후 어느 날 K 교수로부터 전화가 왔다. 죽은 사람이 어떻게 전화를 하는가, 혹시 영혼일까 했지만 그럴 리는 없고, 이야기를 들으니 인공 심장으로 수술을 했단다. 그러니까 수술중 안녕하지 못했으니 세상에선 죽은 줄만 알고 있고, 그랬다가도 안녕하게 되어 전화를 한 것이었다. 이렇게 안녕함과 안녕치 못함이 수시로 교차되는 수도 있다. 그래서 '밤새 안녕하세요?' 한다. 어떤 사람은 교통 사고로 죽어서 영안실에 있었다. 형이 와서 얼굴이나 보자고 관을 열었더니 살아 있었다. 그대로 장례를 했더라면 끝장이었다. 지금도 건강하게 살아서 나에게 그때의 상황을 말해주었다. '안녕'이 이렇게 가고 올 수도 있다. 3일장을 하는 것도 이런 이유에서다. 미국의 모 전직 대통령은 비서에게 자기의 3일장을 단단히 부탁한 일도 있었다.

지금의 나에게도 밤새 안녕 여부가 언제 닥칠지 모르지만, 지금껏 안녕한 것은 나의 의지에서 온 것도 같다. 나는 아직도 할 일이 많이 남아 있다. 네 가지 중 세 가지는 아무리 해도 다 했다고 할 수도 없고, 그만 했다고 나무랄 일도 아니지만 되도록이면 하고 싶고, 한 가지만은 꼭 마치고 가야 하는데 아직도 20% 정도가 남았다. 나의 의지로 깨끗이 마치고 떠나야겠다.

내가 잘 아는 이에게 사랑만으로 맺은 부인이 있었는데, 죽을 병에 걸렸지만 17년을 버티고 살다가 간 일이 있다. 아들의 장가를 보내고 나서 조용히 떠났다. 기어코 할 일을 다 마치고 가겠다는 의지 하나로 버틴 것이다.

나도 이와 같이 의지로 안녕을 버티다가, 할 일 다 하고 나면 조용히 이 부인과 같이 '밤새 안녕!' 하고 싶다.

나는 말년에 안녕치 못하여 세 번 대수술을 하면서 죽을 고비를 간신히 넘겼다. 그러고 나니 내 인생은 크게 달라졌다. 죽음이 무엇이고 삶이 무엇인가를 어렴풋이나마 체험하고 보니, 삶에 대한 의미, 인생의 새로운 맛을 알게 되었다. 아마도 나에게 이 맛을 느끼게 하기 위해서 세 번의 안녕치 못한 기회를 준지도 모른다. 세 번 주어야 확실히 알게 되는 것이다.

막걸리와 나

나는 오늘 현재로 막걸리 230드럼을 마셨거나 먹었다. 옛날(1987년까지)에는 200드럼을 마셨고, 지금(1996년부터)은 30드럼을 먹고 있다. 마셨다는 것은 술이나 차를 마신다고 하는, 당장 꼭 마시지 않아도 살 수 있는 것을 기호나 맛으로 들이켰다는 것이고, 먹었다는 것은 밥이나 물이나 안주를 먹는다고 하는, 꼭 먹어야 살 수 있는 것을 섭취하는 것으로 구분해서의 이야기다. 그러니까 옛날에는 불필요했지만 지금은 필요하다는 이야기가 된다. 더 확실히 말해 약이 안 되는 액체는 마시고, 약은 액체라도 먹는다고나 하면 알기 쉬울지 모르겠다.

나는 술 중에서 막걸리를 가장 좋아한다. 왜 좋으냐고 묻는다면 우선 우리의 술이면서 맛이 좋고, 영양분이 있으면서 순하여 몸을 해치지 않으며, 값도 싸서 서민층의 대중주이기 때문이다. 우리 고유의 대중주는 막걸리와 소주인데, 소주에는 맛이 들어 있지 않아 알코올을 단순히 삼키는 맛뿐이고 영양분도 없다. 막걸리는 고유의 맛이 들어 있고, 농사 기타의 일을 하고 나서, 강의하느라 떠들고 나서 들이켜 보면 그 맛을 잊을 수가 없다.

막걸리에는 달고(甘) 쓰고(苦) 시고(酸) 떫은 맛(澁味)이 들어 있는데, 좋은 막걸리일수록 이 맛들이 잘 어우러져 적당한 감칠맛과 청량미를 느낄 수 있다. 그래서 막걸리는 우리 민족성에 맞아, 대중 탁주 특히 농주로서 가장 역사가 깊어서, 우리의 역사가 담긴 고유의 술이 된 것 같다.

막걸리도 술은 술이다. 술이란 알코올 성분이 들어 있어 마시면 취하게 되는 음료를 말하는데, 우리 주세법에서는 알코올 함량 1% 이상으로 정의돼 있는 것을 본다면, 막걸리는 6%나 되니 얼마나 독한 술인가? 그렇지만 몸을 해칠 도수는 못 된다. 소주는 안주가 부실하면 마시기 곤란하고 몸을 해치기도 한다.

주세법상의 술의 분류를 보면 양조주 · 증류주 · 재제주로 되어 있는데, 막걸리는 양조주이고 소주는 증류주다. 양조주는 녹말을 함유한 곡물(찹쌀 · 멥쌀 · 보리쌀 · 밀 등)을 누룩곰팡이로 발효시켜 으깨어 물을 타서 걸른 술이니 몸을 해칠 리가 없고, 뒤에 말하지만 적당히만 먹으면 오히려 약이 된다. 그 자체가 영양분을 함유하고 있으니 밥 대신이 되기도 한다.

술의 역사를 보면 인류의 역사만큼 오래 되는데, 과일의 자연 발효에 의한 것이 그 원형이었다. 그러다가 농사를 지으면서 곡물을 사용해서 술을 양조한 것이 B.C.5000~B.C.4000으로 알려져 있다. 그때 이래 지금도 그대로의 것이 막걸리이니, 막걸리는 인공을 가하지 않고 소박한 그대로의 술이므로 값이 싸고도 서민들의 구미에 맞게 된 것 같다.

술은 천천히 조금씩 편한 마음으로 마시는 것이 좋다고 알려져 있다. 이 원리를 검토해보면 재미난다. 술의 대사代謝에 있어, 알코올은 그 분자가 작으므로 마시면 위에서 약 20%, 장에서 약 80%가 흡수되어 혈류에 의해 전신에 전달되는데, 체내의 알코올분은 그 80%가 간장에서 대사 분해된다는 사실이 중요하다. 그러기 때문에 물은 많이 먹을 수 없지만, 술은 많이 먹을 수 있다. 흡수가 빠르기 때문이다. 벌써 들어가자마자 위에서부터 흡수가 시작된다. 그러니 빨리 많이씩 마시면 갑자기 취하게 되며, 간으로 하여금 미안하리만큼 혹사를 시키고, 과음을 하면(소주로 450ml 이상) 간장이 견디기 어려워

간경변의 원인이 되고 있다. 그뿐이 아니다. 대량 음주나 강한 술은 위 점막에 악영향을 준다.

이런 원리를 고려에 넣을 때, 막걸리는 많이 마시기도 빨리 마시기도 어려운 술이므로 간이나 위의 점막에 별로 미안할 것 없다. 술값도 싸므로 부담 없이 그 좋은 맛을 즐기면서 편안한 마음으로 먹을 수 있는 술이다.

이상과 같으니 막걸리는 나의 취향에 꼭 맞아 좋아하게 된 것이다.

나는 일찍부터 먹걸리와 인연을 맺게 되었다. 할아버지가 애주가였으므로 집에는 언제나 막걸리가 있었다. 술을 담그는 일은 할머니 몫이고 어머니는 보조자였다. 이상하게도 할머니가 빚어야 술 맛이 좋았기 때문이었다. 할아버지는 아침 · 오전 · 오후 · 저녁의 주시酒時, 이렇게 하루 네 번 큰 대접으로 한 잔씩을 드셨다. 내가 젊어서 술시에 따라 드리면 드시고 나서 '너도 한 잔 해라' 하셨다. 그래서 나는 할아버지로부터 막걸리를 배운 셈인데, 이렇게 술을 배우면 실수가 없다고들 했다.

일정 때는 세무서 단속이 심해서 집 뒤 대나무 밭에 술독을 감추어 두었던 것이 기억 난다. 해방 후에는 여객선 닿는 마을에서 집안의 사위가 양조장을 하고 있었으므로, 세무 공무원이 오면 우리 마을을 가리켜 밀주가 없으니 가지 말라고 타일렀고, 그러면서도 만일을 위하여 사람을 보내 알려 왔으므로 안심하고 술을 담을 수 있었다. 막걸리뿐 아니라 소주도 증류주로 만들어 먹기도 했다. 머슴들에게도 술을 굶기지는 않았다. 공출供出을 하고 흉년이 들어도 식량만은 언제나 풍족했었다.

인연이란 또 묘한 것이다. 내가 결혼을 하고 보니 처가가 양조장이다. 어쩌다 처가에 들리면 막걸리 최고 고수인 처족들이 모이게 되고, 최고의 술이 나오게 되니 취하지 않을 수 없었다.

일생을 막걸리와 같이 살다 보니, 더구나 너무나 사랑하다 보니 할 말도 많지만, 모두를 털어놓을 순 없고 조금은 여운을 남기는 것이 순리일 것 같다. 그래도 참을 수 없는 이야기는, 내가 할아버지로부터 술을 배웠기 때문에 한평생을 마셨어도 한 번도 실수한 일은 없었다. 그런데 가끔 실수 아닌 실례失禮한 일은 있었다. 그러나 그 실례도 다른 사람처럼 실수에 가까운 실례는 아니었다. 누구누구와 같이, 타는 담배 그대로 손에 물고 잠들어 침구만 태우고 화재는 간신히 면한 분, 남의 하숙집에 자면서 침구에 쉬야를 하고 새벽에 도망친 분, 모 학교

교문을 자기 집 안방으로 알고 신 벗고 옷 걸어 놓고 베개 베고 하룻밤 지낸 분, 열차가 괘씸해서 안 타고 군산에서 이리까지 걸어가겠다고 가다가 논두렁에서 신세진 분, 경찰서 앞 대로에서 십자가로 누워서 차로 하여금 지나가라고 큰소리친 분, 미끄러 넘어져서 소나기로 고였던 물에 코가 닿으니 호수에 빠진 양 열심히 수영하다가 이웃 사람에게 구조된 분, 나는 이런 실수에 가까운 실례는 없었다는 것이다.

처가에서 이 사람 저 사람 고수들이 주는 대로 받아 마시고 취해 버린 실례(無禮), 나도 제법 고수인데 고수의 자리를 양보하는 것 같은 실례다. 술 맛에 넘어가서 그 시자侍者가 되어 버리는 실례다. 어린 나이에 주력酒歷은 부족하고 하늘이 빙빙 돌게 되면 어쩔 수 없었다. 그때에는 결혼을 하면 술 실력을 떠보기 위해 이런 일(작란)도 많았다. 더구나 양조장이니 맑은 술을 이 기회에 자기들도 얻어먹겠다고 당연한 일을 했다.

소주는 내가 좋아하지 않지만 어느 연회석상에서 후배와 술 겨루기 기 싸움이 벌어졌는데, 서로 서서 늪 기에 가득 딸아 쉬지 않고 마시고 또 마시고 한 되 정도씩을 마셨을 때 주위에서 만류하여 중지했는데, 집에 와서 바로 토해 버리고 내가 살아났다. 상대는 수영 국가 대표 선수로 나이도 나보다 훨씬 젊었다. 그 후로는 고기 먹을 때를 제외하고는 소주를 보지도 않았다. 그러고 나서 평생 동안 막걸리와 연애를 하게 된 것이다.

완도군 청산면 출신의 김홍남金鴻南 선생은 광주고보 재학 중, 독서회를 조직하여 항일 정신을 기르다가 29년 11월 3일 광주학생운동이 일어나자 시위를 위해 자기 집에서 회합도 하고, 격문을 인쇄 살포하고 앞장선 명사名士다. 이로 인해 퇴학 당하고, 대구복심원(고법)에서 징역 6개월, 독서회 활동 관련은 광주지법에서 징역 2년 6개월 형을 언도 받아 대구복심원에서 1년 형이 확정되어 옥고를 치렀으며, 68년 대통령 표창을 받았다. 이런 훌륭한 분이면서 나의 중학교 대선배님이 1951년 나를 찾아왔다. 아드님이 내 밑에 입학했으니 잘 지도해 달라는 것이었다. 저녁에 여관에서 정종(당시는 최고 고급주) 한병을 사 와서 나로 하여금 다 마시란다. 식기로 단시간에 급히 처리했더니 잘못되어 집에 와서는 다 토해 버렸다. 이 실례(미안)는 처가에서의 실례와는 다르지만 여전히 실례는 실례다. 상대방이 안 보았는데 무슨 실례냐고 할지 모르지만 그렇지 않다. 호의를 무시하고 토해 버렸으니 일종의 반역에 해당되는 큰 실례를 해서 미안했다.

내가 입학 시험에 개복이 터져 수석 합격이 되자 교수들의 보는 눈이 달랐다. 수학 교수는 나에게 9점을 놓고 바둑을 배웠고, K 교수는 첫 강의에 '온고지신溫故知新'이라 써 놓고 설명을 하라기에 멋지게 풀이를 했더니 깜짝 놀랐고, 시험 때마다 내 답안지를 먼저 점수를 매겨 놓고 그를 기준으로 해서 채점을 해 갔다. L 교수는 한 시간에 답을 다 할 수 없도록 큰 논술 문제를 4~5문 주는데, '손가락이여, 손목이여, 팔이여, 어깨여! 날 살려라! 특급으로 가자!' 하며 놀려서, 8절지 양면 두 장(다른 학생의 4배)을 간신히 쓰고 나면 끝종이 난다. 점수는 100점을 넘을 수 없으니 말할 것 없이 100점이다. 강의한 그대로이니 흠은 없다. Y 교수는 장차 무엇 할 거냐고 원자탄을 들먹거렸다. 해방 직후에 가장 무서운 연구가 원자탄이었다. 그렇지만 전쟁은 끝났는데 원자탄은? 하는 표정으로 웃어 넘겼다. 이런 정도였으니 교수들이 나에게만은 존대를 하여 경어를 썼는데, 이는 동서고금의 역사에 없는 일일 것이다. 어느 일요일, 심심해서 기숙사 옆의 Y 교수님 관사를 방문했더니, Y · L · K 교수가 낮 술을 즐기고 있었다. 돌아오려다 붙들려서, 정4각형 테이블 한 변 빈 자리에 앉아, 이 자리에서만은 교수와 동격이 된 양 같이 정종을 마셨는데, 3:1로 공격을 당하고 보니 K.O가 되어서, 맨 뒤에 나오면서 현관에 카레를 만들고 말았다. 나중에 청소를 하러 갔더니 사모님이 이미 끝내 버렸다. 지극히 미안했지만, 나를 동생처럼 아끼고 귀여

워했던 사모님은 웃으며 술 실력을 칭찬해주었다. 변명 같지만 이야기가 재미있어서 중간에 나올 수가 없었다.

군산에서의 일이다. 박정희 정권 때 학생 데모로 시끄러워지자, 통행금지 시간이 밤 9시로 앞당겨진 일이 있었다. 경찰서 앞 로터리에서 9시가 넘었으니 빨리 들어가라고 선도(?)를 했더니, 폭소를 하면서 돌아서는 두 장년의 뒤 차림새에서 권총이 보인다. 그러고 나서야 '내가 취했구나!' 하고 자각했다. 아마도 '누가 누구를 지도하는지 모르겠다'고 폭소를 했을 것이다. 어느 고교 교장은 통행금지에 걸려, 파출소에 잡혀 가서 엎드려뻗쳐하고 몽둥이 맞을 때, '열 대만!' 해서 간신히 10대로 끝났단다. 거기에 비하면 나는 자기들 상관 대접을 받은 격이었다.

부산에 출장 가서 한잔 시작한 것이 혼자서 국제극장 골목 홍등가에 2차까지 갔다. '아이고, 이게 누구야!' 하고 다가오는 자를 희미한 홍등 밑에 자세히 보니 오동현 군(대학 동기)이다. 학생 때의 내 인기가 대단했으니 그가 나를 놓아 줄 리가 없다. 당시 그는 중앙 정부 어업 취체선 조풍호의 선장이었다. 우선 만남의 기쁨으로 한잔 하고, 나를 붙들고 3차로 돌진한 집은 내가 처음 보는 큰 기생집이다. 수십 명의 기생이 술자리에 앉아 있다. 그 사이에 끼어서 대기한 사내들은 어업 회사

사장과 선주들이다. 우리가 입장하자 마치 결혼식같이 우레 같은 박수가 터졌다. 이 때만 해도 오 군은 어업자들에겐 저승의 염라대왕 같은 존재였다. 부정 불법으로 잡히면 생사 문제가 오 군의 손아귀에 있었기 때문이다. 오 군은 학생 때 유도의 고단자로 나의 호위병이 될 만했다. 조풍호가 부산에 입항했다 하면 이런 자리가 베풀어지는 것이 상례인데, 이를 탓할지 모르지만, 생각해보면 염라대왕을 만난 기회에 대접하지 않을 사람은 이 세상에 없을 것이다. 또 이런 술자리는 그 시대에서는 보통으로 있었다. 내가 이 자리에 모르고 끼어든 것이 잘못이지, 염라대왕 졸병들의 마술에 걸려 고이 나올 수가 없었다. 얼마나 마셨는지 기억도 없을 때 나를 끼고 거름마를 시켜 준 사람을 발견할 수 있었다. 그는 나를 도우면서 도둑질을 해 갔다.

"아저씨, 어디서 이렇게 마셨어요? 댁에까지 모셔다 드릴께요"

하면서, 내 상의 속주머니에 있는 100장 묶음에서 조금씩 조금씩 조심스럽게 걸어가면서 빼앗아 가고 있었다.

"내 여비는 남겨 두고 훔쳐 가라. 군산까지 돌아가야 한다. 봐 주라!"

했는데, 다음날 아침에 보니 조금(20장 정도)은 남아 있었다.

자기 용무가 끝나자 나를 충무동 아가씨 집에 처박아 놓고 해방시켜 주었다. 그 곳이 내 집으로 알았던 모양이다. 돈이 부족해서 빌려서 며칠간 일을 마치고 돌아왔는데, 이 때 술에 대한 나의 반성은 컸었다. 부산은 이런 곳이었다.

이상 몇 마디로 나의 술 역사를 정리하고, 다른 사람 같은 실수는 아니지만 나로서 반성할 만한 실례(미안)한 일, 자랑(?) 같은 술 실력, 억울하게 당한 일 따위를 말해 왔는데, 실례(미안)는 모두가 막걸리 아닌 다른 술에서의 나의 잘못이다. 막걸리였다면 절대로 그런 일이 없었을 것이다. 처가에서도 용수 박아 뜬 청주였었다.

막걸리에 대한 나의 기록을 왜 말하지 않느냐고 할지 몰라서인데, 팔자에 없는 학생과장을 맡아 있을 때, 아까운 학생 하나를 애석하게 제적 처분을 하고 나니, 얼마나 마음이 상했던지 9시에 교수 회의를 마치고 조교와 같이 8주전자를 마셨는데, 다음날 결산을 해보니 내가 5되 반, 조교가 2되 반을 마신 것으로 결론 났다. 약 2시간에 걸쳐서다.

정읍 약주가 이름난 술인데, 친구 결혼식에 참석한 다음날 아침, 그의 형이 해장 한잔 어떠냐고 해서 시장 안에 가서 1되를 마시고 나니, 주인이 약주를 해장으로 이 양을 마신 것은 이 시장이 생긴 이래 처음이라 했다.

1995년부터 10년간 고향인 섬에서의 생활이 있었다. 공교롭게도 중학교 후배가 육지에서 들어와서, 집안 사위 양조장을 인수해 하고 있었으므로 편리하게 이용할 수가 있었다. 독주로 부탁하여 1말을 존경하는 분에게 가지고 가면 마을이 잔치 분위기가 되었다. 가방에 4되까지 담아 일본 1주일 여행을 즐긴 일도 있는데, 석양에 마트에서 회를 싸게 사면 1인 파티 분위기가 좋았다. 오는 길에 비행기가 연발해서 공항 식당에서 먹고 있는데, 신기하게도 막걸리를 팔고 있었다. 주인에게 다가가서 이 술이 어디서 나왔느냐고 물었더니 만들어 공급해준 곳이 있다고 대답하고 나서, 이번에는 정색으로 이쪽을 향해

"당신이야말로 그 술이 어디서 나온 거요?"

하고 반문하면서, 아까부터 파출소(交番)에 고발할까 하다가 연세가 많은 것 같아 참고 있다는 것이었다. 실은 한국에서 왔는데 대단히 미안하다고 사죄한 일이 있었다. 안주만 사 먹어도 되는 한국과는 다르다. 호텔 식당에서도 그렇다. 잘못하다가는 망신당하게 된다.

후배가 양조장을 그만두고 나서는, P 막걸리는 먹을 맛이 없어서 하는 수 없이 몇 년간 직접 빚어서 먹었다. 썩 좋은 맛의 막걸리가 생산되었다. 지금은 전주 근교에서 나오는 '천

둥소리'를 20병씩 배달 받고 있다. 국내 최상의 것으로 알고 있으며, 마트에서 가장 비싸다. 되도록 좋은 술을 먹어야 한다.

내가 과거에는 막걸리를 마셨다고 했는데, 그러한 습관이 하루 일과의 큰 행사처럼 굳어져 버렸다. 퇴근 시간이 되면 수업과 사무에 시달리고 나서, 걸걸한 목을 축이는 막걸리가 기다리고 있어 그 자리에 푹 빠지지 않을 수 없었다. 그것이 하나의 즐거움이 되어 버렸다. 다정한 동료와 잔을 나누며 하루의 생활을 평가 반성하고, 또 내일의 설계를 논의했다. 그러니까 역사를 만들어 가는 귀중한 이 시간에 막걸리가 기계의 기름 역할을 했던 것이다.

나는 막걸리와 이렇게 인연을 맺었으니 술 맛을 보는 데는 누구보다도 뛰어난 기술을 가지게 되었고, 술 맛으로는 나를 속일 수가 없을 것이다. 지금은 막걸리의 우수성이 널리 알려져 외국에서까지 선호하게 되니, 수출을 위해 맛이 더욱 좋아져 우수 막걸리가 많이 생겨나, 우리 막걸리당들을 더욱 즐겁게 해주고 있다. 맛있는 막걸리들을 여기에 소개하지 못함을 아쉽게 느낀다. 나는 맛있는 막걸리를 도매로 사 두고 냉장고를 들여다보면 막걸리 마음이 부자가 된다.

위암 때문에 7년간 술을 끊었다가 95년부터 다시 대하게 되었는데, 못 먹은 동안에는 양주병을 모아 구석에 모셔 놓고, '내가 언제 저것들을 다시 대할 수 있을까?' 하고 쳐다보면서 침을 꼴딱꼴딱 마셨던 일을 지금 생각해보면, 이렇게 막걸리 한잔을 먹게 된 것이 얼마나 행복한 일인가를 느끼면서, 감사를 드릴 때면 술 맛이 더욱 좋게 내 마음을 때리고 있다.

지금은 막걸리를 마시는 것이 아니고 약으로 먹고 있다고 해야 옳다. 반주를 합하여 하루 2ℓ가 정량이다. 약으로 먹게 되니 한 모금씩을 천천히 든다. 나의 이 음주법을 배워서 습관을 고친 분도 있다. 어떻게 약이 되는가를 살펴보기로 하는데, 원래 술이란 많이 마시면 독약이고 조금만 먹으면 보약이 된다는 것은 다 알려진 사실이다.

① 나는 막걸리로 기력을 보충하고 있다. 늙어 보니 힘이 없어지고, 더구나 대수술을 3번이나 했고, 골절상으로 보행이 둔한 장애인이므로 약 먹은 파리 모양이다. 하루 4㎞씩 걷기 운동을 하고 큰 소리로 강의를 할 수 있는 것 등은 모두 막걸리로부터 공급되는 에너지 덕택으로 알고 있다.

② 반주를 함으로써 식욕이 생긴다. 적도의 음주는 위 점막을 자극함으로써 위액 분비를 촉진하여 식욕을 증진시킨다.

그래서 식전에 반주를 하게 되는데, 식후에 마시는 술은 반주가 아님을 참고로 밝혀 둔다. 식전의 반주가 식욕 증진을 시켜 술 맛을 돋구어 주고 있다.

③ 혈액 순환을 돕는다. 위암 수술을 하고 나서 손바닥을 보니 죽은 사람처럼 백색이었다. 술을 마시면 얼굴이 붉어지는 것은 혈액 순환이 좋아지기 때문이다. 마시면 말초 혈관의 확장이 일어나 혈류가 좋아지게 된다. 나 같은 심장 환자는 관상 동맥의 혈류가 큰 문제로 되어 있는데, 심근의 수축력이 저하하여 혈액 순환에 도움이 된다. 혈중 알코올 농도의 상승은 술을 마신 후 30분~1시간이면 절정에 이르므로 직효가 일어나고, 통상 10시간이 지나야 대사 배설되어 혈중에서 소실되므로 상당히 오랜 시간 효력이 지속된다. 그러면서 겨울이면 후끈후끈하게 늙은이의 체온을 유지해 준다.

④ 과음을 하면 마신 술이 해로운 콜레스테롤인 LDL로 변하지만, 소량의 음주는 이로운 콜레스테롤인 HDL을 증가시키는 작용을 하므로 나 같은 환자에게는 약이 된다고 볼 수 있다.

⑤ 적당한 음주는 수면에 도움이 된다. 술은 심신에 영향이 크다. 마취성이 있어 취기를 보이게 되는데, 한 잔 마시면 가벼운 마취로 인해 정신적 억제가 풀려 쾌활해진다. 그러면 쓸

데없는 망상妄想 등 모든 잡념이 사라지고 정신을 안정시켜 잠을 유발하게 된다.

⑥ 스트레스가 해소된다. 스트레스는 심장병 · 암을 비롯한 만병의 근원인데, 술만큼 스트레스 해소에 효과가 좋은 것은 없다고 하는 점을 누구나가 인정하여 의견 일치를 보고 있는 것 같다. 그 근본 원리는 앞 항에서와 같다. 억제하는 뇌 기능이 달아나 버리면 제어가 잘 안 되어, 지금까지 참고 견디었던 스트레스를 술을 빌려 발산하고 나면 가슴이 후련해진다. 따라서 과음만 않고 적당히 먹으면 기분 전환에는 아주 좋은 것이 술이다. 그래서 술의 해방감을 이용해서, 노래방에 가든지 운동 경기를 관전하면서 목이 터져라고 응원을 한다든지 하면 스트레스 해소에의 왕도王道가 된다.

⑦ 나는 위가 없어서 밤에 자다가 공복감을 느끼면 잠이 깨 버린다. 그래서 자기 전에 배를 채우는데, 그때는 막걸리가 제격이다. 두 컵을 하고 있다.

나의 과거에는 술을 겁 없이 마셨지만, 지금은 소량을 보약처럼 먹어서 위에서와 같이 나는 덕을 보고 있다. 술은 독약이 될 수도 있고 보약이 될 수도 있는데, 막걸리는 나에게 지금 효자 노릇을 하고 있다. 지금도 독한 소주나 양주를 마시고 있는 분들에게는 참고가 되었으면 한다.

소주를 좋아하는 사람들을 보면 입을 벌리고 잔을 털어 붓는 데 놀라지 않을 수 없다. 매일 몇 차례 구멍 가게에 와서 소주 1병을 안주도 없이 3분 내에 마시는 사람을 보았는데, 죽었다고 들었다.

막걸리의 우수성이 외국에까지 알려지자 좋은 술을 빚어서 수출이 활발해지고 있다. 하루 빨리 우리의 막걸리가 세계의 술이 되기를 바라고 기다리면서, 보약이 되는 좋은 막걸리를 빚어 공급해주신 양조 업계에 감사를 드린다.

글을 마쳤으니 막걸리 한잔 맛있게 해야겠다.

사람 팔자 알 수 없다

나는 저녁 식사를 하고 나면, 머리에 안개가 낀 듯 하여 아무 것도 못하고 쉬게 되는데, 이 시간에는 TV를 본다. 그래서 다른 때는 보지 않는 KBS 연속극도 보게 되는데, 얼마 전에 막을 내린 '웃어라 동해야'를 보고 느낀 점이 있다. 사람 팔자 알 수 없다는 것이다.

이 연속극에서는 동해와 그 어머니 안나(동백), 방송국 국장 제임스(김준)와 그 아내인 호텔 홍 사장 그리고 아들인 호텔 지배인 도진, 호텔 회장 노부부, 세화와 그 가정, 세화 친구인 봉이와 그 가정 등 다섯 가족이 등장하는데 이 연속극의 줄거리를 다 갈할 수는 없고, 요약을 한다면 미국 빙상 경기 선수인 동해는 미국에서 동거했던 세화와 결혼식을 올리려 했으나, 배신한 세화는 장차 호텔 경영권을 승계할 예정인 김도진의 접근을 받아들여 결혼을 하게 된다. 동해는 어머니를 모시고 봉이네 집에서 어렵게 살면서, 세화의 교통 사고를 막으려다 부상한 바람에 빙상 선수를 포기하고 호텔 조리사로 변신하여, 도진과 홍 사장 그리고 정략적인 세화의 가진 모략과 박해를 받아 가면서 천신 만고 끝에 아버지 김준을 찾게 되고, 드디어는 호텔 회장 노부부가 동백의 부모라는 것이 나타나고, 동해는 일시에 호텔 경영자의 위치에 스게 된다. 호텔 경영권을 얻으려던 도진 모자는 숙명적으로 미운 존재인 동해를 억제하면서 일시 성공한 듯 했으나, 결국 실패하고 도진과 동해가 이복 형제임이 밝혀진다. 자기 일신의 영화를 위해 동해 모자를 괴롭힌 머리 좋은 책동자 세화는 결국 자기 꾀에 넘어가 이혼 당하고, 동해는 견실한 동반자 봉이와 결혼하고, 봉이네 가족은 그전에 김준의 보도 실수로 망했던 김치 공장을 호텔의 후광 아래 재건하게 된다.

이 연속극을 보면 정말로 사람 팔자 알 수 없구나 하고 실감하게 된다. 기구한 운명에서 불굴의 투지로 남편 제임스를 만나게 되고 마침내 부모까지 찾게 된 안나 모자의 행운, 그래서 굴러 들어온 동해의 호텔 경영권, 뜻하지 않았던 딸 동백을 집념으로 찾은 회장 부부에게는 고독과 어려움이 변하여 신천지가 환하게 열렸고, 절망적인 신세에서 묘하게 서광을 얻어 사업에 성공한 봉이네 집과 지성을 다하여 동해와 결혼하게 된 봉이는 성공적이었고, 홍 사장과 도진 모자는 기박한 운명을 타고 났다고 해야 옳고, 세화와 젊어서 홀로 된 그의 어머니는 험악한 운명이 닥쳐왔다고나 할까? 그런데 그러한 것들이 처음부터 그렇게 된 것이 아니라, 기묘하게 그렇게 변해 갔다는 데에 주목이 간다. 그래서 내가 사람 팔자 알 수 없다고 한 것이다.

사람 팔자 알 수 없다는 팔자, 도대체 팔자란 무엇인가? 팔자란 사주 팔자四柱八字의 준말이고 속칭이다. 사람의 한평생의 운수運數를 말하며, 팔자가 좋다 나쁘다, 사납다, 세다, 팔자를 고치다, 팔자가 늘어지다, 팔자 소관이다, 팔자에 없다, 팔자 한탄한다 따위로 말하고 있다.

연속극에서의 동해 모자와 봉이는 팔자를 고쳤고, 봉이네 집은 팔자가 늘어졌다고 해야 하고, 홍 사장 모자는 팔자가 사납다 해야 옳고, 세화네 모자는 팔자가 세다고나 할까? 회장 부부는 태풍에 잃었던 동백을 다시 찾은 것이 팔자 소관인 것 같다. 동해 모자는 처음 세화와 팔자에 없는 인연을 맺으려다 실패하고 팔자 한탄을 했겠지만, 그건 일시적 운명에 불과했다.

사주四柱란 사람을 사는 집에 비유하고 사람의 생년월일과 시를 그 집의 네 기둥(四柱: 年柱 · 月柱 · 日柱 · 時柱)으로 보고 붙인 이름 그대로다. 여기에 간지干支(10干 12支)를 붙이면 각각 간지 두 글자씩 모두 여덟 자로 나타나므로 팔자八字가 된다. 그래서 사주 팔자이고 속칭 팔자라고 하게 된 것이다. 사주 팔자는 사람의 길흉화복吉凶禍福을 알아보는 운명학運命學의 하나로, 사주 팔자를 풀어 보면 사람의 타고난 운명을 알 수 있으므로 사주는 운명이나 숙명宿命의 뜻으로도 쓰인다. 사주는 육갑六甲으로 표현된다. 육갑이란 10간(天干)과 12지(地支)가 처음 만나는 갑자甲子부터 끝인 계해癸亥까지 순열 조합하면 육십갑자六十甲子(六甲)가 된다. 사주가 그 사람의 운세運勢를 함축한다고 보는 것을 명리命理(하늘에서 주어진 운명의 자연 법칙)라 하고, 사주를 분석 종합하여 그 사람의 길흉 화복을 추리한다. 흔히 사주를 본다는 것이 그것이다.

사주로 알 수 있는 것은 성격이나 적성 등 인성人性에 관한 사항, 부모 · 형제 · 부부 · 자녀 등 대인 관계, 관운 · 재운 · 학운 등 운수運數에 관한 사항과 건강 · 상벌 · 재앙 따위가 있다. 이 같은 사주나 관상은 점占 따위와는 엄격히 구별되는 것으로, 동양 철학의 일부분인 역학易學으로 성립돼 있다.

사주 팔자가 운명학의 하나라고 했다. 운명은 사람의 힘이

나 지식을 넘어선 길흉의 인연을 말하는데, 예컨대 누군가가 죽었을 경우, 죽지 않을 수 없었던 무엇인가가 있었을 것이다. 그것이 운명이다.

그리스의 철학자 제논은 '운명에 따라서 모든 것은 생긴다'고 말했다. 이 세상 모든 것은 인지人智 인력人力을 초월한 절대의 힘에 의해서 결정된다고 생각하는 것이 운명론(숙명론)이다. 일상적 일체의 것은 그렇게 되도록 전세前世에 이미 결정되어 있어서, 인력으로는 어떻게 할 수 없으므로 운명에 따르는 수밖에 없다고 하는 인생 태도를 가리킨다.

운명에는 우연과 필연의 두 가지 측면이 있다. 본인에게는 우연한 것으로 나타나지만, 일 자체로나 신神의 입장에서 보면 모두가 필연이고 계획적으로 결정된 사항이라고 생각한다. 그리스도교에서는 일체의 것이 신의 의지에 따라 이미 결정되어 있다는 예정론豫定論이 있다. 불교의 업業이나 인연 속에도 숙명론적인 발상이 들어 있다. 숙명이라는 생각은 어쩔 수 없는 것으로 받아들이고 참고 따른다는 소극적인 태도가 되기 쉽다. 그러나 자기의 운명을 조용히 바라보고 오히려 스스로의 것으로서 적극적으로 받아들이는 자세도 필요하다

강태공姜太公이 글만 읽고 가사를 돌보지 아니하니, 그의 아내 마馬씨가 불만을 품은 나머지 이혼을 하고 친정에 돌아가

있었다. 그런데 세상 일이란 알 수 없는 것이다. 주周나라 새 왕조가 들어서자 강태공은 1등 공신으로 제나라의 제후로 들어앉았다. 이렇게 되니 마씨가 후회하고, 태공을 찾아와 다시 같이 살기를 요청했다. 이 때 태공은 동이 물을 뜰에 붓고 마씨에게 다시 담아 보도록 일렀다. 마씨는 담는다고 수선을 떨었지만 될 일이 아니었다. 그러자 태공이 말했다.

"엎질러진 물은 다시 거두어지지 않는 법이요." 이렇게 해서 복수 불귀분覆水不歸盆이라 하는데, 마씨는 사람 팔자 알 수 없다는 것을 몰랐던 모양이며, 차라리 숙명은 어쩔 수 없다고 참고 버티는 것이 옳았을 것이다. 마씨는 자기의 팔자에 자진해서 먹칠을 했는데, 앞에서 말한 바와 같이 자기의 운명을 조용히 바라보고 스스로의 것으로 받아들이지를 못했다.

권토중래捲土重來란 한 번 싸움에 패한 사람이 다시 세력을 회복하여, 땅을 말아일으킬(捲土) 것 같은 기세로 도전해 간다는 뜻이다. 물론 전쟁에만 국한되지 않고, 무슨 일이든 일단 실패했다가 다시 일어난다는 비유로 널리 쓰인다. 그 말은 두목杜牧의 시詩에 나온다. 항우가 최후의 결전 끝에 유방에게 패하여, 단신으로 양자강 언덕까지 도망해 왔을 때 한 사람이 배를 준비하여 항우에게 말했다.

"대왕이시여! 어서 강을 건너소서. 강동江東은 비록 작은 땅이지만 왕 노릇하기에 족한 땅입니다. 제가 건너 드리겠습니다."

강동은 항우의 고향이기에 건널 것을 권한 것이다. 그러나 항우는 머리를 저으면서

"내가 그전에 강동의 청년 8천을 거느리고 이 강을 건넜던 것이나, 이제 그들을 모두 죽이고 나 홀로 남아 무슨 면목으로 그들의 부형을 대하랴"

하고, 30의 나이에 자결하고 말았다. 영웅의 최후치고는 너무나 애석하여, 제마 같은 이는 통감通鑑을 읽다 이 대목에 이르자 통곡하여 사흘이나 굶었고, 두목은 시를 통해 분한 마음을 털어 놓은 것이다.

"승패는 병가에서조차 예측할 수 없는 것이며, 한 번 패해도 부끄러움을 참고 견디는 것이야말로 남자가 아닌가? 더욱 강동 땅에는 똑똑한 청년들이 많은 터인데, 강을 건너가 힘을 기른 다음에 권토중래하여 쳐 간다면 누가 이기고 질지는 알 수 없는 일이다."

이 시의 글귀대로 권토중래했다면 항우나 유방의 팔자가 어떻게 되었을까? 팔자가 바뀌고 세상이 달라졌을지도 모를 일이다. 유방과 천하를 다툰 영웅 항우도 사람 팔자 알 수 없다는 것을 몰랐다는 사실이 아쉽다.

진晋나라가 오吳나라를 멸망시킬 적에, 진의 두예 대장군은 참모 회의를 열어 작전 계획을 세웠다. 한 장수가 말하기를

“이 곳에 오래 주둔하는 것은 불가합니다. 일단 후퇴하였다가 오는 겨울에 다시 진격하는 것이 좋겠습니다”

하자 두예는 고개를 저으며

“그렇지 않다. 지금 우리 장병의 사기는 충천하고 있다. 예를 들어 대를 쪼개는(破竹) 때와 같아, 두 마디 세 마디만 쪼개면 다음은 칼날을 대기만 해도 저절로 쪼개진다. 힘들일 필요 없이 왕성한 기세를 타고 있다. 이 기회를 놓쳐서는 안 된다”

고 하고 공격한 결과, 오의 수도를 함락시키고 오 왕의 항복을 받았다. 진나라의 통일은 이리하여 완성되었으니 파죽지세破竹之勢라 할 만하다.

한 장수의 말을 따랐다면 어떻게 되었을까? 종이 한 장 차이로 두예 장군과 진나라의 팔자가 바뀌었을지도 모른다. 사람 팔자 종이 한 장 차이로 바뀔 수도 있다.

술은 주인이 먼저 맛을 보아야 하고, 밥은 손님에게 먼저 권한다는 말이 주주객반主酒客飯인데, 손님을 접대하는 예법으로 흔히 쓰이고 있다. 이는 선조宣祖 때에 나온 말이다. 이퇴계 선생이 어느 날 밤 평상에 누워 있는데, 난데없이 회槐나무 잎이 바람에 날아 와 선생의 배 위에 떨어졌다. 궁중에밖에

없는 그것이 어떻게 여기까지 날아왔는지, 궁중에 무슨 변고가 일어나지나 않았는지, 걱정이 되어 다음날 아침 일찍이 궁중으로 달려갔다. 그러나 아무런 변고가 없었으므로 안심했다. 그런데 그날 아침 어느 대신의 생일 잔치에 선조를 초대해 왔다. 주안상이 들어와, 주인이 술잔을 들어 임금에게 권하려고 하자 퇴계 선생이 임금에게 진언했다.

"아닙니다. 주주객반이라야 합니다. 주인이 술을 먼저 들어야 합니다"

하며 술잔을 주인에게로 돌려 주었다. 그 술에는 독약이 들어 있었고, 그 대신은 역모 혐의로 처형되었다. 만일 그 자리에 퇴계 선생이 없었다면 어떻게 되었을까? 선조의 운명은 거기서 끝장이고 대신은 역모에 성공했을지도 모른다. 정말로 사람 팔자 끝까지 알 수 없다.

팔자가 좋다는 것은 어떤 것인가? 사람들이 생각하는 것은 처자식이 좋고, 몸이 건강하고, 좋은 집에 살고, 좋은 차를 굴리고, 돈과 재산이 넉넉하고, 관운이 있어 높은 직위에 있거나 사람으로부터 부러움을 받으며 살고, 사업체가 있다면 하는 일이 번창하고, 좋은 운명을 타고 나서 재앙 같은 것이 없고, 근심 걱정이 없이 사는 것이 편안하다는 등일 것이다. 그러나 팔자란 앞에서 말한 바와 같이, 본인에게는 언제라도 우연한 일이 나타날 수 있고, 일 자체로는 알고 보면 필연적이고 계획적으로 결정돼 나온다고도 했다. 언제 재난이 생길지도 모르고 사업체가 어려워질지도 모른다. 세상 만사가 항상 그대로인 것은 없다. 끊임없이 변하고 있는 것이다. 그 좋다는 팔자가 언제 뒤집힐지 아무도 모르는 것이다. 그래서 언제 팔자가 사나워질지, 팔자가 늘어질지 알 수 없어 그야말로 팔자 소관이다. 그래서 사람 팔자 알 수 없다는 것이다. 홍보와 놀보같이 팔자가 뒤바뀔지도 모른다.

프랑스의 황제 나폴레옹 1세는 신화적 존재로 영웅 대접을 받으면서, 한때는 전 유럽을 점령한 일도 있어 팔자가 늘어졌다. 팔자를 고쳤다고도 할 수 있겠지만, 나는 그렇게 생각지 않는다. 그는 일생 동안을 전쟁을 하며 살았고, 어느 때는 투옥되기도 하고, 패전하여 파리를 점령 당하고 섬으로 유배되기도 했고, 부인과는 이혼하고 재혼을 했으며, 말년에는 백일천하를 유지하기도 해, 파란 만장의 생애를 마쳤다. 앞에 말한 좋은 팔자의 기준에 비추어 볼 때 결코 늘어진 팔자라고는 단정할 수 없으며, 전쟁에 이기고 진 데 따라 희비애락의 연속이었다. 극과 극을 오가는 변화 무쌍한 팔자였다.

안중근 의사에게 당한 일본의 이토 히로부미伊藤傳文, 메이지 유신의 1등 공신으로 초대 내각 총리대신 · 귀족원 의장을 거쳐, 제4차 이토 내각까지를 성공시키고, 초대 한국 통감을 지내면서 한일 합방을 추진하던 그가 한국의 청년 안 의사에 의해 사살될 팔자라고 예견한 사람은 없었을 것이다. 한국 침략의 선구적 대표가 합방의 기쁨을 보지도 못하고, 이토는 분명히 천벌을 받은 것이다. 안 의사의 손에 의해 죽었는데 왜 천벌을 받았다고 하느냐? 천벌이란 하늘이 내린 벌을 말하는 것인데, 한 사람을 죽이는 하늘의 벌은 사실은 없다. 하늘이 사람을 죽인다면 그 하늘은 못된(?) 하늘이다. 그런데도 천벌이라고 하는 것은 죄를 지으면 반드시 벌을 받게 되어 있다. 과학적으로 그렇다. 여기서는 그 이유를 생략하겠지만, 여하튼 유죄면 필벌이 온다는 것을 알아야 한다. 쉽게 말하여 이것을 보고 천벌이라고 하는 것이다. 이토가 한반도 침략의 원흉이었다면 반드시 안 의사와 같은 애국자가 나타나서 응징을 하게 된다. 침략이라는 죄를 지었으니 그에 상응한 벌을 준 것이다. 이것이 천벌이라는 것이다. 앞에서 말한 바대로 본인에게는 우연히 나타나는 팔자지만, 사실은 필연적으로 닥치게 되어 있는 것이 이토의 운명이었다.

역시 일본의 도죠 히데키東條英機는 1940년 고노에 내각의 육군대신으로 입각했는데, 일본 · 독일 · 이탈리아 3국 동맹

체결과 대 미국 · 영국 전쟁을 주장하면서, 41년 총리대신 겸 육군대신이 되어 태평양 전쟁 돌입을 감행하고, 후일에는 내무 · 군수 · 문부대신과 참모총장까지 겸임하여, 도죠 독재로 파시즘 체제를 완성시켜 그 권세가 하늘을 찌를 듯 했고, 뉴스 영화에서는 언제나 '국민 제군!' 하며 기염을 토하던 일이 생생한데, 패전 후 극동 국제 군사 재판에서 A급 전범으로 사형 언도를 받아 48년 12월 23일 처형되었다. 일시의 영광과 독재가 허무하게 무너진 보기이다. 도죠는 그러한 운명을 타고났다기보다, 자기 스스로가 무덤을 판 것으로 보아야 할 것이다. 하나의 업業(선악의 소행)이 되어 역시 천벌을 받았다.

세계 제1의 명문 하버드대학에 재학 중이던 빌 게이츠는 뜻하는 바가 있어 중퇴를 하고, 컴퓨터 연구에 전념한 결과 마이크로소프트사를 일으켜, 오늘날 세계 제1의 갑부가 되었다. 그가 그러지 않고 여느 학생들같이 학교를 충실히 다니고 있었다면 그는 그러한 갑부가 되지 못했을 것이며, 오늘날과 같은 인터넷 산업은 있을 수 없을 것이고, 우리는 얼마나 불편하게 살고 있을지 모를 일이다. 한 사람의 용단이 본인뿐 아니라 일류의 팔자를 바꾸어 놓았다.

정주영鄭周永 씨는 통천 출신인데, 보통학교만 나와 특수한 재능과 집념으로 사업에 열중한 결과, 현대 그룹의 창업자로 건설 · 조선 · 자동차 · 제철 · 시멘트 · 금융 · 무역 · 해운 등 많은 기업을 경영하면서 세계적 기업으로 키워 놓았다. 모르는 사람은 팔자를 고쳤다고 할지 몰라도 그렇지가 않다. 자기의 운명을 스스로의 것으로 받아들여 소화시켜 성공한 보기일 것이다. 월남해 오지 않았다면 그러한 꿈은 성취될 수 없었을 것이고, 학력이 낮은 대신 그만큼의 남다른 노력을 한 것으로 안다.

이제는 나의 팔자 한탄을 해볼 차례다. 나는 어려서 집안에서 꾸지람 한마디 들은 일 없이 자랐고, 집안 환경이 원만했으므로 좋은 팔자를 타고났다고 할 수 있지만 반드시 그렇지만은 않다. 나의 13대조 할아버지가 단종端宗의 처남이었는데, 세조世祖의 치하에서 단종 복위를 꾀한 사건으로 처형 바람이 불자, 죽지 않으려고 해남까지 피신해 와서 자식이 없는 송씨 집에 양자로 숨었다. 후일에 결국 발각되어 나주에서 처형되었다지만, 만일 이런 사건이 없었더라면 내 선조는 서울에서 살았을 것이고, 나 또한 서울에서 태어나 더 잘살았을 것이다. 내 9대조 할아버지도 무슨 난리에 쫓겨 입도入島하였으므로 내가 섬에서 태어났다.

내가 중학교를 졸업할 때 일본의 고등학교를 지원했지만,

전쟁 때문에 관부關釜연락선이 폭격이 무서워 제대로 다니지 못함을 핑계로 시험도 보이지 않고 불합격 처리되었는데, 그러지 않았더라면 해방 후에 서울대 예과에 편입되었을 것이고, 그랬더라면 내 인생의 판도가 전혀 달라졌을 것이다. 해방이 되자 이런 편입생 때문에 서울대가 학생 모집을 못했다. 일본인 담임이 내 동의도 없이 2차로 평양의 대동공전에 지원해 둔 것이 무시험 합격이 되었지만 거절하고 말았다. 실로 내 운명을 좌우하는 찰나였다. 그래서 수산을 공부하게 됐는데 그것이 나의 운명이었던 모양이다.

학교를 졸업하고도 조선소에 취업할 생각이 있었지만, 당시 정부의 가혹한 대접 때문에 부산이 싫어져, 안심되는 고향에 가까운 곳으로 왔었다. 6·25 때에도 다른 길을 택할 기회가 있었다. 그랬으면 상항은 달라졌을 것인데, 내 인생의 길이 이러한 정도의 팔자로 굳어져 버렸다. 그러고 나서 이후 한평생 내 속으로는 무시무시한 고생을 했다. 그러고 보면 좋은 팔자였다고는 할 수 없는데, 사주 팔자에는 어떻게 나와 있는지 모르겠다.

그 동안의 삶을 돌이켜볼 때, 가시밭길로 고생한 것과 반대로 편한 생활을 한 일이 그래프로 보면 묘하게 수학 삼각함수의 cos 곡석으로 나타났는데, 그 주기는 12년이었다. 그러니까 12년마다 주기적으로 고생을 했고, 그 중간은 편했다는 것이다. 그 주기 12년이 무엇인가 하면 12지支의 12년이다. 그러고 보면 사주 팔자에 대한 학설에 충분히 수긍이 간다. 그렇지만 과신할 것은 없다고 본다. 가령 내 사주에 아들이 셋 있다고 들었는데 아들딸 하나도 없다. 그렇다면 사주 팔자란 귀에 걸면 귀걸이, 코에 걸면 코걸이식으로도 보인다.

여기서 젊은이와 특히 학생에게 한마디 하고 싶다. 팔자를 따지는 동양 철학이 있기는 하지만 과신하지는 말라는 것이다. 예컨대 팔자가 좋다는 것만 믿고 놀고 먹을 수는 없는 것이다. 다음으로는 팔자에 맡기지 말고 노력하여 성공하라는 것이다. 성공이란 무엇인가? 목적이나 뜻을 세워 그를 달성하는 것이다. 어렵고 불리한 처지에 있더라도 그를 딛고 일어나 소원을 이루는 것이 성공이다. 그러면 기쁨이 오고 나아가 행복하게 된다. 행복이란 사람들이 말하기를, 앞에 나온 좋은 팔자 그대로다. 좋은 팔자로 성공한 사람과 그러지 못한 반대인 실례도 앞에서 보기를 들었다. 그런데 사람의 팔자란 불변인 것인가? 그렇지 않다. 팔자를 바꿀 수가 있는가? 바꿀 수 있다. 주어진 팔자를 자기 것으로 받아들여 좋은 방향으로 노력하면 성공할 수가 있는 것이다. 앞에 성공한 사람들은 그렇게 노력을 했었다. 내 말이 거짓말이 아니고 진실임을 믿으라는 말 대신, 한 사주 책의 서문에 나와 있는 말을 여기에 옮겨 본다.

「인간의 운명은 타고난 사주에 의하여 흥망성쇠가 정해지고 있다. 그러므로 자기의 타고난 운명을 정확히 판단하여, 자기의 직분에 알맞도록 생애를 영위한다면 별로 실수함이 없이 성공할 수 있고, 누구보다도 행복할 수 있을 것이다. 그러나 인간은 거개가 자기 운명을 모르고 있기 때문에, 지표를 정하지 못하고 불행 속에서 방황하게 되며, 심할 경우 파탄의 함정에서 헤어나지 못하게 되는 것이다. 올바른 운수를 알고 분수에 알맞도록 행하는 사람은 안정된 생애를 개척해 나갈 수 있고, 자기의 운수를 모르는 자는 매사에 실패와 고통을 면치 못하게 되는 것이다. 이와 같이 인간의 운명은 숙명이 아니요, 천명天命을 예지豫知함으로써 얼마든지 가변 · 조정할 수 있는 것이다.」

북방 국경 가까이에 새옹이란 사람이 있었다. 하루는 말이 아무 까닭도 없이 도망쳐 오랑캐가 사는 국경 너머로 들어가 버렸다. 마을 사람들이 찾아와 동정과 위로를 하자 그는 말했다.

"이것이 복이 될 팔자일지 어찌 알겠소?"

그럭저럭 몇 달이 지나고, 하루는 뜻밖에 도망쳤던 말이 오랑캐의 좋은 말 한 필을 데리고 돌아왔다. 사람들이 모두 찾아와서 횡재를 했다며 축하했다. 그러나 그는

"그것이 화가 될 팔자일지 어찌 알겠소?"

하며 기뻐하지도 않았다. 그런데 좋은 말이 하나 더 생기자, 말 타기를 좋아하던 아들이 데리고 온 말을 타고 달리다가 말에서 떨어져 다리를 다치고 말았다. 사람들이 또 안타까워하며 인사를 했다. 그러자 그는

"그것이 복이 될 팔자일지 누가 알겠소?"

하며 답답한 표정이었다. 그 후 1년이 지나 오랑캐가 국경을 넘어 침략해 왔다. 장정들은 일제히 징병되어 적과 싸웠다. 그래서 많은 목숨을 잃게 되었는데, 유독 그 아들만이 다친 다리 때문에 징병을 면할 수 있었다. 팔자가 새끼 꼬는 식으로 위아래로 교차하면서 바뀌었다. 일정 불변은 없다. 팔자란 그런 것이다. 모든 세상사가 그러하듯이 영구적인 팔자는 없다. 끊임없이 바꾸어지는 것이다.

나이 70이 되도록 완벽한 아내를 찾고 또 찾아 헤매고 있는 사람이 있었다. 그의 친구가 그에게 물었다.

"아직도 여자를 찾아 헤매고 있나? 자네는 언제나 자리를 잡을 텐가?"

그는 말했다.

"나는 완벽한 아내를 찾고 있어."

"아니 여보게, 70년 동안이나 헤맸으면 됐지, 이제 죽음이 코앞에 다가왔는데 또 헤매겠다는 것인가?"

"어떻게 하겠나? 완벽한 아내가 없이는 행복해질 수가 없는 걸."

친구가 물었다.

"그래 그 동안 찾아 본 결과 완벽한 여자가 있었나?"

"꼭 한 번 있었지."

친구가 물었다.

"그러면 왜 그 여자와 결혼하지 않았나?"

그러나 그는 슬픈 표정을 지으며 말했다.

"그건 매우 어려웠다. 그 여자 역시 완벽한 남편을 찾고 있었으니까!"

세상에 완벽한 사람은 없다. 완전히 100% 좋은 팔자, 완전한 행복은 없는 것, 노력해서 얻어야 한다. 삶이란 불완전하기에 아름답고 행복한 것이다.

팔자에 일정 불변은 없고 노력하여 얻을 수도 있다. 그래서 여기 제목 '사람 팔자 알 수 없다'는, 팔자가 변하고 바뀔 수 있기 때문에, 알 수 없다는 식으로 받아들여도 좋을 것 같다.

좋은 버릇 나쁜 버릇

맹자孟子의 어머니는 맹자를 가르치기 위해 세 번이나 이사를 했다. 처음에 이사 가서 살던 곳은 시장 근처여서 전후 좌우가 모두 상인들이었다. 이 속에서 자라나는 맹자는 자연히 상인들이 하는 모습을 배워서

"자, 이거 사시오! 저거 사시오!"

하며 외치는 소리를 흉내 냈다.

어머니는 이곳은 자식을 가르칠 곳이 아니라고 생각하여, 그 버릇이 들기 전에 이사를 갔더니, 그 곳은 마침 묘지가 가까운 곳이어서, 맹자는 상여를 메고 상엿소리를 하는 흉내를 냈다.

이곳도 가르칠 곳이 못 된다고 생각한 어머니는 그 버릇이 들기 전에 다시 맹자를 데리고 이사를 갔더니, 여기는 글방이 있어, 맹자는 책을 펴놓고 글 읽는 시늉을 하는 것이었다. '옳다, 여기는 자식을 가르칠 만한 곳이다' 하고 마음 먹고, 맹자를 이곳에서 가르친 결과 위대한 아성공亞聖公으로 만들어 놓았다.

앞 두 곳에서는 어려서부터 바람직한 행위라고 볼 수 없는 버릇이 드는 것을 경계했고, 세 번째는 교육상의 훌륭한 버릇이 드는 것을 높이 산 것이었다. 앞 두 경우는 더러운 때가 묻으려 했고 물이 혼탁해지려 했다면, 세 번째 경우는 때 하나 끼지 않은 맑은 거울과 조용히 고인 맑은 물(明鏡止水)에 비유될, 맑고 동요 없는 마음을 닦아, 그것이 좋은 버릇이 되어 아성공의 자질이 길러진 것이라 할 수 있다.

이 맹모삼천지교孟母三遷之敎에 대해, 나로서는 사실인지 지어낸 것인지 확실히는 모르지만, 여하튼 좋은 버릇과 나쁜 버릇에 대해 우리에게 큰 교훈을 준 것만은 사실이다. '세 살 버릇 개 못 준다'고, 어려서부터 나쁜 버릇이 자라나게 되면 고칠 수 없어, 그 사람에겐 고귀한 인생을 바랄 수 없음을 가르쳐 주고 있다.

버릇habit이란 여러 번 거듭하여 몸이나 마음에 저절로 굳어 버린 성질·짓을 가리키는 말인데, 넓은 뜻으론 습관habit의 일종이라 볼 수 있고, 관습이나 풍습과는 구별되는 말이다. 손발이나 몸의 움직임·마음 쓰기·말투 따위가 같은 상황하에서 언제나 자동적으로 되풀이되는 경향을 말하고 있다. 구체적으론 신체 운동·식사에 대한 기호(반주 따위)·타인에 대한 기호·도둑질·방랑·편견·선입견·거짓말이나 빈말·욕설 등에 나타나고 있다.

버릇이 되어 버려서 이미 고치기 어렵게 된 것을 금지시키면 심적 스트레스를 발생시키게 된다. 사람에게는 저마다 버릇을 가지고 있는 것이 보통인데, 고치려면 스트레스를 받게 되니, 따라서 고치기가 어려워 버릇으로 굳어 버린 것이다.

버릇에는 좋은 버릇도 있고 나쁜 버릇도 있는 것이 물론이지만, 사람들은 이상하게도 나쁜 버릇에 편향적으로 관심이 많은 것 같다. 그래서 맹자의 어머니도 세 번이나 이사한 것이었다. 긍정적인 면은 탓할 것이 아니므로 덮어두고, 고치기 어렵게 된 부정적인 면만을 들추어 경계하고 있는 것이다. 그 노골적 보기를 들자면, '버릇 된다'고 하면 나쁜 습관이 붙게 된다든지, 전례가 된다든지 하는 부정적인 말이며, 좋은 버릇은 감추어 두고서의 이야기다. '버릇없다' '버릇없이 굴다' 하면 어른에게 대하여 마땅히 지켜야 할 예절을 못 차린다고 하는, 역시 부정적인 면을 가르키고 있다. '고약한 버릇이 있다'고 할 적에 좋은 면을 고약하다고 하지 않는다.

유아의 손가락 빨기 · 어린이의 야뇨증 · 어른의 말더듬 · 발을 까부는 일 · 적면 공포 따위도 버릇이라고 하지만, 동작이 굳어 버린 것이라고 볼 수는 없다는 의견도 있다.

몸 운동으로 하는 나쁜 버릇 중, 침 뱉기와 코풀기 버릇만은 스트레스를 좀 받는 일이 있더라도 과감하게 고쳤으면 한다. 거리에 침을 뱉으면 벌금을 무는 것으로 아는데, 입을 벌리고 가다가 바람으로 먼지가 입에 들어왔다든지, 여름에 하루살이가 들어왔다면 거리 아닌 조용한 곳에 가서 처리하면 될 것이다. 침이란 자기 자신에게만은 깨끗해서 삼키지만, 타인에게는 더러운 괴물이다. 부부는 일심동체라 뽀뽀도 하지만, 이혼장에 도장만 찍고 나면 상대의 침이 세상에서 가장 더러워지는 법이다.

침은 그래도 그렇다 치더라도 아주 가관인 것은 코풀기다. 바른 자세로 걸어가면서 손가락 하나를 코에 대기만 하면 코가 분출돼 나오는데, 그 기술에 놀라지 않을 수 없다. 분출된 콧물이 자기 옷에 묻지 않고 공중에 발산되는 묘기 말이다. 얼마나 훈련이 되었으면 버릇으로 굳어 버렸을까를 생각해보지만, 그거보다 걱정이 되는 것은 타인에게의 피해다. 나는 그래서, 거리를 갈 때 언제 어디서 콧물 안개가 나를 습격해 올지 모르기 때문에 멀찌감치 떨어져 지나가는 것이 습관이 돼 있다.

발을 까부는 일은 바둑 두는 이에게서 더러 있는데, 마음의 안정에는 도움이 되겠지만, 쓸데없는 에너지의 낭비가 된다. 옛날에는 복 달아난다고 나무랐다. 그러나 타인에게 피해는 없으므로 그대로 두자.

밥을 굶은 일이 있더라도 식전에 하는 반주飯酒(伴奏:식사가 노래라면 그 전에 伴奏가 있어야 함), 식사가 끝났음을 알리는 식후 담배, 그리고 지구가 넘어간다 해도 우선 참을 수 없다는 아편쟁이의 버릇 따위는 타인과는 관계가 먼 그들만의 문제이므로 놔 두자.

멀쩡한 사람이 도둑질을 일삼는 자도 있다. 부녀자에게 많은 것 같은데 남편은 모르고 있다. 귀부인(?) 같으니 방심하는 가운데 시장이나 가게에서 예사로 이루어지고 있다. 손버릇이 나쁘다고들 말하고 있다. 잘살고 모자란 것도 없는데 그러는 것을 보면, 어려서부터 버릇이 된 것을 못 고치기 때문이다. 어느 가게에 갔더니 'CCTV 녹화중'이라 붙여져 있다. 이런 것이 필요하느냐고 물었더니, 꼬마들이 떼 지어 몰려들면 호주머니에 자주 집어넣는단다. 이렇게 어려서의 버릇은 오래가기 일쑤다.

도둑질은 욕심에서 나온 것이다. 욕심을 버릴 수가 없으니 고치기도 어렵다. 도박하는 버릇도 욕심에서 나오는데, 남의 돈을 내 호주머니에 옮겨 오는데 차마 도둑질은 못하고, 그 다음 단계인 도박이라는 방편方便을 사용해서 목적 달성을 하고 있다. 그러니까 도박은 합리화시킨 도둑질의 일종이라 할 수 있다. 그래서 도박하고 있는 것을 단속하고 있는데, 한편으로는 정부가 도박을 장려하여 도박 버릇을 조장하고 있어, 나의 상식으로는 이해가 되지 않아 답답하다. 정선에 도박장을 만들어서 어떤 재미를 본지 모르지만, 새만금에까지 만들 예정이라니 큰일이다. 이러다가는 도박 왕국이 될까 걱정이 된다.

조선소에 신조선 법정 비품인 쌍안경이 구입돼 들어오면 도난이 많다. 도둑놈은 놀랍게도 조선소 직원이라는데, 아파트촌 베란다에서 일광욕하는 명화名畵를 훔쳐보기 위해서란다. 몰래 카메라와 같이 나체에 대한 호기심을 만족시키려는 버릇이다. 도둑 중의 이런 도둑은 도둑질한 물건을 사용해 도둑 것으로 보는 이중 도둑이니 중죄라고 할 수도 있지만, 어떻게 보면 애교 있는 양질의 도둑이며, 조선소에게는 좀 미안하지만, 상대방에게 손해는 없는 도둑이다.

외국 여행을 밥 먹듯이 하는 버릇은 방랑기가 발동한 것 같다. 선진국에 가서 유용한 것을 배워 오는 것은 몰라도, 후진국을 돈 자랑으로 다닌 것은 분명히 끼가 있어서다. 그래가지고 구제역이나 옮겨 와서 온 나라가 시끄러워 정신이 없다. 그런 자는 할복 자결이라도 해서 속죄해야 할 건데 아직 소식이 없다.

한국의 이혼율이 세계에서 으뜸이라는데, 이 역시 방랑기에서 온 것으로 나는 보고 있다. 옛날에는 선 한 번 보고, 또는 보지도 않고 중매만으로 결혼해서 상대의 결함이 나타나도 잘 참고 살았다. 요즘은 몇 년을 두고 연애를 해서 사랑에 빠져야 골인한다. 그런데도 이혼하는 것은 미국의 영향을 도에 넘치게 받아들인 데서 온 나쁜 버릇인 것 같다.

TV에 매일 밤 출연하는 한 여자의 옷차림은 특기할 만하다. 남자들 사이에 홀로 끼어서, '네, 네' 하고 반주를 넣어 박자를 맞춰 주는데, 겨울인데도 속살을 들어 낸 아슬아슬한 옷이 밤마다 어김없이 바꾸어진다. 다른 사람이 입지 않는 이 괴상한 옷을 몇 백 벌이나 가지고 있는지 모르겠다. 이런 버릇도 방랑기에서 온 것 같은데 누구의 칭찬을 받을지?

편견偏見 버릇은 페인트칠을 한 것처럼 사람을 바꾸어 버린다. 타인의 의견도 받아 줄 줄 알아야지 자기 주장만 내세우는 것은 편견의 표본이다. 국회에서 여·야가 충돌하고 있을 적에는 적어도 어느 한쪽이 편견에 빠져 있을 때다. 그런 것을 보면 편견 버릇이 있는 자에게는 국회의원 자격증을 안 줘야 한다.

매질하는 것을 찬성하는 자도 있는데, 이는 분명히 편견하는 버릇에서 오는 것이다. 한마디로 매질은 이 세상에서 사라져야 한다. 어떠한 이유에서도 변명은 될 수 없고, 경중을 따질 것도 없고 무조건 없어져야 한다.

부모가 주신 그대로의 내 몸이 소중한 법인데, 예쁘게 보이려고 성형 수술을 하는 것은 불효의 시작이요, 가식을 좋아하는 편견의 산물이다. 얼굴에 근대화 공사를 해 놓은 곳을 구경해보면, 편견을 가진 본인에게는 미인으로 보일지 모르지만, 우리의 객관적 눈으로 본다면 개성미나 자연미는 없어지고 인공 미화라는 억지 조각을 느끼게 한다. 흉하고 도깨비같이 보인다. 돌로 치면 수석을 잘못 생겼다고 가공하여 망쳐 버린 것같이 보인다. 원형은 사라졌으니 누구인지 잘 모르게 됐다. 솔직하지 못하여 감추는 것을 좋아하는 버릇이다.

자연 그대로의 머리칼이 좋은데도 염색을 하는 것 역시 마찬가지다. 염색을 한다고 실체가 젊어지는 것은 아닌데 거짓 가죽을 둘러쓴 가식이다. 노인에게 하얀 머리칼이 부끄러울 것 없다. 일생의 긴 여정을 가치롭게 살려고 분투한 백전 노장으로 보는 것이 정견正見일 것이다. 이제 와서 연애할 필요도 없을 건데, 가면을 버리고 솔직했으면 한다.

검은 색으로 하는 것은 젊어지고 싶어서인데, 사실은 젊어지지도 않는 것이지만 그런 것으로 치고, 황소털로 탈바꿈하는 것은, 지금도 미풍양속을 지키는 동양인으로서의 자존심을 폐기하고, 미국인으로 둔갑하겠다는 가식이니 그대로 둘 수 없다. 미국인이 되고 싶으면 다른 사람이 물들기 전에 아주 미국에 가서 살아라. 북극 백곰털로 탈바꿈하는 것은 빨리 늙고 싶어서 그런 것이니 용서를 할까요, 말까요?

목욕탕에 가면 문신文身 환자를 구경하는데, 이는 필경 부모가 주신 귀중한 살보다 흉악 망측하게 변신한 살을 좋아하는 편견에서 나온 발상이며, 이런 사람은 영웅호걸이라도 된 듯, 자존심이 강한 버릇이 있을 것이다. 과연 이런 버릇이 좋은 버릇일까? 사랑하는 여자가 이 명화名畵를 본다면 질식할 것도 같은데, 경우에 따라서는 감상하려 들지도 모른다. 이를 노리고 한지도 모르겠다.

TV에서 공연한 것을 보고 있으면 배꼽을 내놓고 도깨비 춤을 가끔 추고 있는데 그야말로 가관이다. 위험 부위도 아슬아슬하다. 어떻게 보면 창녀 같은데 별에서 온 것도 같다. 30년

전에 돌아가신 분이 이 광경을 본다면 실신할 것이다. 시골 할머니가 리포터에게 말하는 것을 나도 들었다 '제발 옷 좀 입고 나오라고 하시오'였다. '벗어야 예술이 된다'고 하니, 편견도 너무 심하다. 예술이란 결코 그런 것이 아닐 것이다. 벗는 버릇, 버릇 중에도 야릇한 버릇, 정말 유행해도 되는 버릇일까?

거지 노릇은 기호가 버릇된 것이라고 볼 수도 있지만, 그보다도 거지巨知한 사람이 그래도 좋다는 그릇된 편견에서 나온 모양인데, 한 번 배워서 버릇되면 정말 일생 동안 못 버린단다. 온 세계 것이 내 것이요, 무엇보다 근심 걱정 없이 편해서 좋기 때문이다. 거지에게 스트레스는 없다.

내가 잘 아는 그 누구는 일본에서 태어나 어려서부터 거지 생활을 했단다. 그것이 자랑인 줄 알고(편견하는 그대로 버릇이 되어) 말해 줘서 알게 됐는데, 매일 열차역에 출근해서 차표 사는 옆에 서서 거스름돈을 받는 찬스에

"1전錢(1원의 100분의 1)만 주세요"

했다고 한다. 거지巨知 노릇도 머리가 좋아야 된다. 1전이라면 가장 적은 화폐 단위요, 창구에서 나오는 것을 확인하고 달라고 하니 잔돈이 없다고 변명할 수도 없다. 그렇게 그 방면에 머리가 좋은 데다 일찍이 경제를 알게 돼서, 돈을 많이 모아

지금은 중국에 큰 사업체를 가지고 있다.

목욕탕 선풍기는 켤 줄만 알지 끌 줄은 모른다. 산에 가 보면 비닐봉지가 나무에 걸려 있다. 누가 꺼야 하고, 누가 치우라고 그렇게 둔지 모른다. 끄고 치우고 할 사람은 따로 있다는 편견을 가진 모양인데, 이런 사람은 방랑기가 있고 극히 이기적이다.

편견이란 공정하지 못하게 한쪽으로만 치우치게 생각하는 것을 말하며, 정견正見이 못 된 것이다. 정견이란 모든 것을 있는 그대로 바르게 보는 견해다. 편견이 버릇 되면 특히 무서운 것이다. 사람마다 보는 견해가 다를 수 있고, 생각하는 자유가 있는 것이지만, 곰보딱지를 보조개로 보고 홀딱 반했다가, 뒤에 속았구나 하고 후회하는 것은 상대를 바로 보지 않았기 때문이며, 이미 때는 늦었다. 세간에는 편견에 사로잡히는 일이 많다. 어쩌면 우리는 매일 편견을 가진 속에 살고 있다고도 할 수 있다.

옛날에는 시어머니 등살에 시집살이가 맵다고 했지만, 근래에 와서는 거꾸로 되었다고도 한다.

"우리 시어머니는 나빠요, 내가 조금이라도 밤에 늦게 퇴근하면 현관 문을 굳게 잠그고 미운 짓을 하지, 밥도 차려 주지 않아요. 일이 늦었다고 해도 나를 뭘로 보는지 모르겠어요"

하고 며느리가 어리석음을 토해 내면, 시어머니는

"우리 며느리는 심해요, 밤에는 도둑 때문에 문을 잠궈 놓으면 나를 내쫓으려고 하느냐고 싫어하지, 저녁 식사를 준비해 두면 오늘은 외식을 했으므로 필요 없다고 해요. 그렇다고 준비를 해 두지 않으면 굶기려고 한다고 불만이어요. 같이 있으면 마음이 안심이 안 돼요"

하고 울먹인다. 이렇게 고부간에 편견을 가지고 있는데도, 대개 이런 가정에서는 시아버지나 아들도 우유부단하여, 시어머니와 며느리의 입장을 이해하고 다스릴 능력도 없는 것이 보통이다.

상대 인물을 평가를 할 때 외견에 의존하지 말고 속 창자를 들여다봐야 한다는 것이 나의 주장인데, 외견상의 모습을 주로 보는 습성은 예나 지금이나 다름이 없는 것 같다. 지금도 이 세상에는 외견과 명함 한 장으로 인물을 평가하는 경향이 있기 때문에 하는 말이다. 명함을 받으면 반드시 직위에 눈을 박는다. 학생에게도 반드시 학교명을 묻는다. 나는 중요한 공적 대면 외에는 한평생 명함을 지참하지 않았다. 직명·직위·출신교 따위는 인물의 됨됨과는 직접 관계가 없다. 그런데도 외견이나 직위에 집착을 하면 편견에 빠져 진실한 인물됨을 놓치게 되기 쉽다.

한 인물을 평가할 때 대개는 복장과 태도 그리고 앞 모습을 보고 재기 쉬운데, 이 방법이 틀렸다고 할 수는 없지만, 그러나 그 사람의 진실한 모습은 앞 모습이 아닌 곳에 숨어 있는 것이 보통이다. 아무리 앞 모습이 위세 당당하고 훌륭하게 보여도, 아무리 허세를 부려도 마음이 어둡고, 빈상貧相이고, 걸음의 무거운 면이 뒷모습에 나타나는 수도 있다. 그래서 앞 모습만으로 사람을 판단하려 하면 편견에 빠져서 실수를 하게 된다.

다른 사람들이 하는 대로 무조건 배워서 하는 짓은, 그대로 하면 되더라 하는 선입견先入見을 따르는 버릇인데, 그러다 보니 잘못된 경우도 많다. 가령 사람들이 역할役割을 역활이라고 하는 것을 보고 따라 한다면 크게 망신을 사게 된다. 할割이지, 활이라는 말은 어느 사전에도 없다. 틀리는 말을 방송에서 서슴없이 하는 것을 보면 듣기가 거북하다. 특히 고위층에서 사용할 적에는 입이 딱 벌어진다. 교양이나 인격까지도 의심스러워진다. 앞에 말한 황소털 머리도 미국이 무조건 좋게 보이는 선입견에서 모방한 것이라고도 할 수 있다.

탓할 일은 못 되지만, 일본에 지바千葉라는 지명이 있는데, 방송에서 한 사람도 빠짐이 없이 모두가 '지이바'라고 하는 것을 보면, 누구를 따른 것인지 모르지만, 아주 듣기가 싫다.

일본 대지진의 피해지인 센다이仙台를 자막에는 바르게 써 놓고도 '쎈다이'라고 부르고 있었다. 그것도 한 사람이 아니라 내가 보는 모두가 그랬다. 이런 일들은 그 방면에 잘 아는 누군가가 그렇게 말한 것을 듣고, 그 말이 틀렸는데도, 그 사람 말은 틀림없다는 선입견으로 맞다고 믿고 따르는 버릇에서 온 것이다.

말 버릇 중의 거짓말 9단은 사기꾼들인데 요즈음의 거짓말쟁이는 일부 몰염치한 상조회와 보험 사기를 들 수 있다. 사기꾼은 아니면서 거짓말을 심심풀이로 일삼는 자도 있다. 옛날 정평구라는 사람은 거짓말의 달인이었는데, 어느 날 정자나무 그늘에서 쉬고 있던 마을 사람들이 때마침 지나가는 정평구를 붙들고

"평구 어르신! 거짓말 한 자리만 하고 가시오!"

했더니

"이 사람들아! 면에서 기미(구호 양곡) 준다고 해서 급히 가는데 언제 거짓말할 틈이 있겠는가?"

하면서 쏜살같이 가버렸다. 이 말을 들은 사람들이 모두 면사무소에 가 보니 거짓이었다. 그런데 이런 거짓말이 버릇이 들면 실없는 사람이 되어 믿어 주지 않는다.

말 버릇 중 듣기 거북한 것은 빈말이다. 실속이 없는 말을

남발하는 사람이 있다. 빈말을 넣어야 말이 나오는 버릇이다.

"그 …… 그 …… 그 ……"

"자, …… 자, …… 자, ……"

"어떤 …… 어떤 …… 어떤 ……"

"일단 …… 일단 …… 일단 ……"

"에또 …… 에또 …… 에또 ……"

"거시기 …… 거시기 …… 거시기 ……"

"뭐시기 …… 뭐시기 …… 뭐시기 ……"

"무엇이냐 … 무엇이냐 … 무엇이냐 …"

"그 무엇이냐, 그 무엇이냐, 그 무엇이냐"

"…… 말이지 …… 말이지 …… 말이지"

따위인데, 방송에서 이런 것을 볼 때면 방송국을 탓하고 싶다.

'……한다라면' '……된다라는' 하는 것을 자주 보는데, '……한다면' '……된다는' 하면 되는 것을 필요 없는 '라'를 넣어서 어지럽게 됐다. 경제 방송인들이 하고 있는 것을 볼 때, 경제에서는 그렇게 되어 있는지도 모르지만, 내가 보기에는 비경제적이다. '……와 같은 경우에는' 하는데, '……의 경우에는' 하면 '같은'은 필요 없다. 역시 비경제적이다.

빈말은 아니지만 빗나간 말로, 어른과의 대화에서 '……했다네' '……이다네' 하는 것은 끝에 '요'를 깔지 않아서 듣기

거북한데, 어려서부터 어른 대하는 가정 교육이 없으면 이런 버릇이 된 것 같다. 친구에게 하는 말 그대로를 쓰고 있다.

입 버릇 중 고약한 것은 욕설인데, 그 선수를 욕쟁이라고 하지만, 경우에 알맞게만 발사된다면 귀엽게 보이기도 하고 웃기기도 한다. 가령 욕쟁이가 하는 대폿집은 장사가 잘 된다. 위트가 있어 술안주가 되므로 술맛도 좋아 인기 만점이다.

맹자의 어머니는 나쁜 버릇이 드는 것을 그렇게도 경계했건만, 현대인들은 나쁜 줄 알면서도 버릇을 답습하고 있다. 권좌에 앉아 도둑질하고서도 법에 걸리면 안했다고 거짓말하는 버릇을 버리지 못하고 있다. 버릇을 버리지 못한 버릇은 모든 면에 일반적으로 널리 굳어져 있다.

묘하게 나에게는 주위에서 별다른 버릇을 가진 자를 많이 만나게 했다. 그래서 이러한 버릇들을 들추어 비판 반성해보자고 해서 이 글을 쓰게 되었다.

운명을 바꾸려면 습관을 바꾸라고 했다. 지금이라도 나쁜 버릇은 과감하게 고치면 어떨까?

H 선생이 부럽다

"성님(형님)도 내 나이 돼 보시오. 내 속을 알게 될 거요."

이 말은 H 선생이 나에게 한 것이다. 그럴 때면 나는

"내일 아침밥 먹었어요?"

하고 대꾸한다. 형이라고 불러 놓고는, 내 나이가 되면 알 수 있게 된다니 형보다 나이가 더 많다는 말이 아닌가? 그런 일이 세상에 있을 수 있는 말인가? 아직 오지도 않은 설을 미리 얻거나 빌리거나 강제로 오게 해서, 혼자만 나이를 먹는 재주만 있다면 아직 오지 않은 내일의 식사도 미리 당겨 먹을 수 있지 않겠는가? 그래서 나도 지지 않으려고, 또 H 선생에게서 배운 것을 응용해보기 위해 그런 말을 하게 된다.

그는 9형제 중의 막내로, 세 살 위 형이 나와 동갑이라 해서 이렇게 말하는데, 여기 보는 바와 같이 사람을 잘 웃긴다. 하는 행동 또한 그렇다.

매일 오후면 복지 회관에 나와 바둑을 두는데, 그날 새벽에 이슬비 한 방울만 내리면 아무리 낮에 날씨가 좋아도 안 나와 버린다. 다음날

"어제 혼자서 무엇 하고 놀았어?"

하면

"각시하고 놀았지. 뽀뽀가 얼마나 좋은지 모를 거요"

하고 서슴없이 대답한다. 그런가 하면, 때로는 미꾸라지같이 기술적으로 빠져 나가면서 오히려 이쪽을 무색하게 만들어 버린다. 말솜씨가 그렇다. 혹 H 선생이 안 나온 날이면 오늘 새벽에 이슬비 왔던가? 하면서 폭소를 하게 된다. 또 일기 예보를 못 들었을 때는 H 선생이 안 나온 것을 보고 비 올 것을 미리 알 수도 있다. 언제나 이렇게 웃으며 살기 때문인지 사람마다 H 선생의 나이를 젊게 보고 있다.

작달막한 키에 몸이 차돌같이 단단해서, 축구 선수이면서 심판 자격을 가지고 있다. 황구를 40마리 이상 짜브짜브했다니 마땅히 건강하겠지만, 그보다 원래 단단한 체질을 가진 것 같다. 지금 나이에도 이빨 하나 상하지 않고 싱싱하다. 게 집

게발도 콱콱 씹을 수 있다. 이렇게 이빨이 좋다는 것을 자랑이라도 하듯이, 무엇이 괴상해서 '이상異常하다'고 하면 바로 치과에 가라고 한다. 상대방 말을 담보 잡아 압류 경매하는 솜씨는 H 선생의 특기다.

지금은 소속 축구회의 원로격이어서, 회원들이 열심히 하면 술 마시라고 봉투를 내놓는다. 돈을 모르고 살면서 그렇게 한다. 월급이나 연금을 받으면 모조리 부인께 바치고, 자기는 술값만 챙기고 다음은 '나 몰라라' 하는 식이다. 그러니 경제적으로 윤택해져서, 큰 집에 살면서 아들 집도 사 주고 농사도 짓고 있다. 돈을 잊고 살기 때문에 그렇게 된 것 같다. 그러니 경제적 고민 하나만 없어져도 여기서 더 젊어진 것 같다. 심지어 옷이나 신발을 사는 데에도, 부인이 데리고 가서 사 주는 것을 보더라도 돈에 대한 무관심을 엿볼 수 있다. 내 생각으로는 돈뿐이 아니라고 본다. 더 넓게 보면 이 세상 더러운 세사世事까지도 잊고 홀로 한가로운 것도 같다. 텅 빈 마음으로 자유롭게 보인다. 가령 내가 무슨 이야기를 하고 있으면 귀담아 듣지 않고 있다. 이미 한 말을 묻는 것을 보면 알 수 있다. 이렇게 자기에게 당장 필요하지 않는 사항은 관심이 없다. 세상이 어떻게 된다 해도 나는 상관없다는 식이다. 그래서 근심걱정 고통 모두 잊고 스트레스도 받지 않아 늙지도 않는다.

나는 아직도 돈이나 세사까지도 매달려 홀로 자유롭지 못하고 있다. 아무래도 나는 현실에 매달려 바둥거리며 사는 족속에 포함되고 있다. H 선생이 부럽다.

이렇게 돈을 모르고 사는 사람이지만, 자기 지갑의 돈만은 다리미로 깨끗이 다려서 쓴다. 신권 발행 전의 지저분할 때의 이야기다. 돈처럼 더러운 것이 없다. 여러 사람이 만져서 세균이 많아 더럽고, 사람이 돈의 노예가 되어 그 마음이 더러워지기 때문에 더럽다는 것인데, 다리미질을 하면 깨끗해지면서 살균이 될 뿐 아니라, 다리고 있는 마음 또한 깨끗해지면서, 그 마음이 돈을 매개로 해서 다음 사람에게 전해질 수도 있다. 한국은행에서 표창해야 된다고 나는 말하고 있다.

돈을 다리미질할 만한 선행善行은 속인俗人들의 몫이 아닌데, 한술 더 떠서, 공공 기관 화장실을 아무도 모르게 혼자서 청소하고 있는 것을 볼 때면 놀라지 않을 수 없다. 길을 가다가 골판지 폐물을 운반해 가는 할머니를 발견하면 뒤에서 밀어 준다. 눈에 안 보이는 선행을 하고, 다른 사람이 하지 않는 일에 뛰어드는 것을 볼 때면, 저승에 갔을 때 염라대왕으로부터 우대를 받으리라고 나는 믿고 있다.

H 선생의 몇 가지 단면을 선보였는데, 이러한 모습이 습習이 되어 고착된 데는 분명히 이유가 있다고 나는 보고 있다.

어렸을 때의 이야기를 들어 보면 알 수 있다.

H 선생은 자신이 개구쟁이였다고 솔직히 고백한다. 동네에서 짓궂은 일만 저질러서 말썽꾸러기였단다. 내가 골목대장이라고 평했지만, 홍보전에 나오는 놀보에 가까울 만큼 놀았단다. 그러니 형들이 그대로 둘 리가 없다. '막내야!' 하고 부르면 매 맞을 각오로 나타나야 한다. 형들이 많으니 눈과 귀도 많아서 언제 어느 형이 부를지 모른다. 동네 북처럼 여기저기서 항상 당하기만 하고 화풀이할 상대는 없다. 거기에다 부모가 일찍 돌아가셔서 내 편이 되어 도와줄 사람은 없다. 얼마나 매를 맞았는지

"내가 그때 형들로부터 맞지 않았다면 지금의 내가 없었을 것"

이라고 토해 낸다. 형들로부터 받은 철저한 교육 훈련이 사람을 만들었다는 이야기다.

그 결과 매가 보약이 돼서 숨어서 선행을 하게 되었고, 개구쟁이 할 때의 장난기가 농담의 밑천이 된 것 같다. 익살스런 농담은 머리가 좋아야 자연스럽게 나온다. 순간적으로 머리가 돌아가서 폭소를 자아내게 하는 기교가 있는데, '막내야!' 하고 불려 갔을 때 매 맞기를 면하려면 사실 해명이, 노여움이 웃음으로 변할 만큼, 거미줄같이 잘 나와야 하기에 거기서 기지機

智가 습習이 된 것도 같다. 막내로서 귀염을 받으려면 아양도 부렸을 것이다. 그러한 습이 지금도 남아 있다. 건강하고 축구를 하는 것도 골목대장 때에 훈련된 소산일 것이다.

6·25 때는 만 19세에 단신으로 세상 사람들이 가는 대로 따라서, 삼천포를 거쳐 진주까지 피난살이를 했단다. 골목대장다운 기질에서 나온 만용이었다. 여기저기서 얻어먹고, 돼지 우리에서 자기도 하고 해서 골목대장 때에 닦은 실력을 과시했지만, 그 고생이 말이 아니었다. 정월 대보름날에는 길바닥의 고사告祀 밥을 겨우 손에 넣기는 했는데, 빼앗기지 않으려고 냄새 나는 시골 변소에서 먹었다고 한다.

군대에 가서도 골목대장 실력을 보였다. 나팔을 불 줄 몰랐지만, 연습을 해보라고 해서 열심히 했더니 나팔수로 뽑혀 기상 나팔을 불게 되었단다. 그래가지고 그 실력이 이어져서, 지금도 나팔 없이도 나팔 소리를 입으로 잘 내고 있다. 그뿐이 아니다. 입과 혀가 그 길로 훈련이 되니 새소리를 잘 내는데, 산에 가서 하면 새들이 모아들 정도다. 고양이의 발정할 때 소리까지에 이르면 절정의 흥분 상태가 된다. 술이 좀 들어가면 딱따구리 소리까지 나온다. 다른 사람이 관심이 없는 동물 소리를 잘 내는 것을 보면, 그만한 소질 감각도 필요하겠지만, 남다른 관심과 집중력이 있다는 증거가 된다.

나같이 바둑을 가까이하고 막걸리를 좋아해서 동호인들이 자리를 같이하는 기회가 많은 가운데, 자칫 방심을 하다가는 서슴없이 공격이 들어오는 데, 공격은 공포空砲일 뿐 결국은 만장의 웃음으로 바뀐다. 바둑알을 가리켜 '이놈'이란 말이 나올 때면

"다 같이 늙어가면서 이놈 저놈 하지 마시오"

하는 한 방을 맞는다. 그럴 때면

"옛날 K 국회의원은 '이놈 봐라, 이놈 봐라!' 했는데, 돌에게 이놈이라 한 것이 무슨 잘못이겠는가?"

정도라도 하고 웃어야 한다.

관전을 하면서 졌다고 놀리면

"내가 이길 때는 보지도 않고……"

하고, 잘못 두었다고 가르쳐 주면

"나 같은 하수가 그걸 어떻게 알아?"

하면서 자기를 높였다 낮췄다 한다.

막걸리를 할 때면 더욱 가관이다.

"언니야! 목걸리……."

남자에게는 언니가 있을 수 없는데 자기가 여자란 말인가? 언니라면 '야'는 또 무엇인가? 그런가 하면 '야'가 '요'로 순식가에 바뀐다.

"언니야! 이거 쉬었어요."
좋은 안주가 나오면 이렇게 칭찬(?)하고는 다른 사람이 일시 못 먹게 한다.

친한 사이라고 함부로 경어敬語를 쓰지 않다가는 봉변(?)을 당한다.

"요를 깔아, 요를 깔아!"
한다. 그러면 상대는 늦었지만 '요' 한다. 요 까는 것을 어쩌다 잊고, '……했어' '되었어' '먹었어' 했다가, 봉변을 안 당하려고 한참 있다가 '요'를 깔고는 모두가 웃는다. 일부러 웃으려고 그렇게도 한다.

그러다가 손님이 들어온다. 큰 소리로

"어섭시오!"
한다. 손님이 나갈 때면

"안녕히 가실려면 가시고 말려면 마시오!"
하고 주인을 제치고 부사장(?) 노릇까지 한다. 특히 여자 손님에겐 성실하게 인사한다.

어느 날의 H 선생(반장)과 반원들의 대화 장면이다. A씨가 바둑을 두다가 H 선생을 발견하더니

A "언제 왔어요?"

H "80년 전에(이 세상에 왔다는 뜻)"

바둑을 끝내고 난 H 선생

H "우린 바도쿠(바둑)가 다 됐는데, 아직도 고민하고 있어? 반상회(술시의 주당 모임) 시간 됐어."

A "지금 몇 시지?"

H "가죽시 털분."

A "가만 있어 봐요, 이거 죽을 것 같으데?"

H "가마니 쓰면 꺼끄러워! 죽을 것 같으면 숨을 자주 쉬라고, 지금 가면 안 돼, 그 나이에."

A "반상회하러 가자구? 생각나요?"

H "목걸리? 트럭이 짐을 마다하겠어? 아이고 허리 고개 다 리야!"

나 "뭐가 그래? 여기저기가 한꺼번에 아파?"

H "성님도 내 나이 돼 보시오. 아픈 곳도 지가지가(가지가지)여!"

나 "한필석 씨는 나보다 젊은데, 두필석 씨는 더 늙은가?"

H "성보다 속이 설거워서(성장해서, 깊게 익어서) 그래요. 이제 잡았는게 끝났네, 어서 일어서!"

나 "잠깐 나 쉬 좀 하고요."

H "점잖지 않게 쉬가 뭐요?"

나 "이제 몇 시지?"

H "서울시 여러분."

A "네시그먼!"

H "내시內侍면 불알이 없지!"

나 "묻는 내가 그렇지."

H "내가 말하는데 뭐가? 내 말씀을 잘 들어요. 내가 성보다 속이 설거워서 내 말씀을 들어야 해요?"

바둑이 끝나고 선두에 가면서 자동문 앞에서

H "열려라, 문! (골목대장식)"

네거리 신호등에게

H "켜져라, 파랑등!"

술집에 들어서자

H "언니야! 목걸리……. 나는 이상하게 술을 마시면 취해, 올라와."

나 "올라오면 못 올라오게 발로 차 버려! 늙어서 취하지 뭐."

H "죽으면 늙어야 해."

A "그런 말도 있어요?"

H "말씀이지 말이라니? 말씀인게 가만 있어!"

A씨가 '형님' 하며 잔을 내민다.

H "형더러 딸으라구?"

A "못 먹어서 그래요. 미안해요."

H “미인은 쌀눈이여. 없어서 못 먹고, 안 줘서 못 먹고, 돈 없어 못 먹고. 나를 부려먹는 것도 지가지가여. 누구보고 딸으라고 그래?”

A “형님한테 못 얻어먹어서 그래요. 그나저나 형님, 잔 들어요.”

H “팔 아프게 들고 있으라구?”

나 “그런데 이번 일본 가서 뭐 타고 다녔지?”

A “비행기 타고 또.”

H “누가 저보고 물었까니? 육해공군 다 탔지.”

A “축구단 사진에 형님은 없데요?”

H “안 계신다 해야지 없다니? 두목인데 없을 리가 있어?”

A “아, 두목이군요. 형님은 사는 것 같이 사내요.”

H “뭐? 애인과 사는 것도 아닌데 사는 것같이 살다니? 혀뿌리를 조심해!”

A “참 위트가 좋네요. 어떻게 하면 그렇게 잘 나와요?”

H “그건 내 나이가 되면 다 술술 나와. 그런데 발음을 똑똑히 해! ㅈ 발음 말이야.”

A “오늘 주식 시장이 형편없던데.”

S “H 선생도 주식 하는가?”

H “우리 집 식구도 하는 모양이여. 언제 보니까 전화로 팔

아 달라고 하드라고."

H 선생과 자리를 같이하면 매일 이런 식이다. 적당히 주기가 오르면 만담으로 약장수놀이가 시작된다.

"오늘은 오롤치라는 것을 가지고 왔습니다. 오롤치가 뭣이냐? 동해 바다 깊은 곳에서만 나는 오롤치는 정력에 좋다는 것을 아시는지, 모르시는지? 야! 애들아, 너희들은 여기 오는 곳이 아냐, 저리 가라. 오늘 이 기회가 아니면 어디서도 구할 수 없는 오롤치를 여기 계신 분에 한해서 특별히……. 오롤치! 오대산 깊은 숲 속에서만 사는 오롤치는……. '여보시오! 아까는 동해 바다가 이제는 오대산이라고요?' 오대산이나 동해 바다나 그것이 중요한 것이 아니다. 오롤치를 먹어 보면 내 말을 믿을 것이다. 여하튼……."

한바탕 떠들다가는

"언니야! 나 안녕히 가시께요"

하며 나온다.

모든 경제권과 가부장家父長으로서의 역할마저 놓아 버리고, 오직 내 용돈만으로 만족하고 보람 있는 곳에 값지고 재미나게 쓰고, 집안 일이나 골치 아픈 일도 봐 줄 사람이 따로 있고, 매일 매일 웃으며 사니 속이 편하고 젊어진다. 근심 걱정할 것 없고 스트레스 받을 일도 없다. 이렇게 사는 것이 인생의 길이구나 하고 감복할 때가 있다. H 선생이 부럽다.

상가에 가면 '아이고' 하는 곡소리가 나오는데, 이 곡소리는 실은 가신이를 애도하는 것이 아니고, 아이고我而苦 하는, '나는 괴로워!' 하고 자기 자신에 대한 말이다. 자기 설움에 우는 소리다. 영어로 하면 'I go', 나는 간다, 어디로 가느냐? 저승으로! 하는 소리다. 눈을 씻고 봐도, 속을 들여다봐도 거짓말일지라도 가신 이를 위한 말이라곤 볼 수 없다.

우리는 무슨 일이 있을 때마다 '아이고 죽겠네!' 한다. 나는 평소에 '아이고' 소리를 안하고, '어머나, 어머, 어매, 워매(모두 어머니! 하고 도움을 청하는 소리라고 나는 생각)'로 하려고 노력하지만 잘 안 된다.

H 선생이 '아이고'나 '어머나' 하는 것을 나는 보지 못했다. 왜냐하면 그런 괴로움이 없기 때문이다. 이렇게 살아야 될 것 같다.

괴로운 인생살이일수록 웃으며 살아야 한다. 자꾸자꾸 웃고 이왕이면 배꼽이 빠지도록 웃을수록 좋다. 억지로라도 좋다. 어느 모임에서 내가 그 시범을 보여 주었더니 모두가 극찬을 했다. 메마른 인심, 짜증 나는 세상에 H 선생이 보수도 없이 웃을 수 있는 에너지를 알게 모르게 공급해주니 고맙다.

사람들의 죽음에 대한 반응을 보면 두 가지가 있다. 타인의 죽음에 대해선 남의 집 불구경과 같고, 자기 자신이 죽게 되면 안절부절 못하는 법이다. 절박한 입장이 되면 격렬하게 일어나는 생명욕은 식욕과 흡사하다. 배가 부르면 없던 식욕이 굶주리면 왕성해진다. 그래서 H 선생도 피난길에 길바닥의 고사 밥을 화장실에서 먹었다. 마찬가지로 생명욕도 평생 동안 별로 느끼지 않고 있다가 죽음에 임하면 명렬하게 나타난다. 이러한 심리 작용을 이용해서 H 선생을 시험해 보기 위해

"내가 뭣 좀 볼 줄 아는데, H 선생! 앞으로 며칠 좀 조심해. 죽을 운수가 끼었어"

해보면 어떤 태도가 될까? 차마 이런 말을 할 수가 없어 못하고 있지만, 만일 한다면 다른 사람같이 안절부절 못할까? 아니다, 역풍으로 반격해 와서 나를 농담으로 빨딱 넘겨 짓밟아 버릴 것이다. 가령

"성님이 뭘 알기는 알어? 내가 잘 아는데 성님이나 조심하시오"

할 것이다.

동지冬至에 얽힌 이야기들

태양년太陽年 1년을 24기氣로 등분하여, 각 등분점에 태양 중심이 오는 시기를 24절기節氣라는 이름으로 부르게 되었는데, 입춘立春·우수雨水·춘분春分……하지夏至……추분秋分……동지冬至·소한小寒·대한大寒이 그것이다. 그 중의 하나가 동지다. 5일을 1후候, 3후를 1기氣로 하는데, 그렇게 하면 1년이 24기(24절기)가 된다.

동지에는 태양이 동지점을 통과하게 되는데, 한국·중국의 역曆으로는 11월 중에, 태양력으로는 12월 22일경이다. 그 통과 시각을 가지고 동짓날의 시時가 있다. 동지점에서는 태양의 위도가 가장 낮다(23°-27′).

동지에는 일출日出이 가장 늦고, 일몰日沒이 가장 빨라 낮의 길이가 가장 짧다. 이렇게 말하고 있지만, 실제로는 평균 태양과 시태양과의 차이 관계로, 일출이 가장 늦고 일몰이 가장 빠르다는 날이 조금 차이가 난다.

태양은 동짓날에 가장 남쪽에 기울어져서, 정오의 태양 고도高度는 1년 중 가장 낮다. 따라서 태양의 출몰 방향도 가장 남쪽으로 기울어지며, 북쪽으로 갈수록 그 정도는 심하여, 북극 지방에서는 태양이 전혀 지평선 위에 나타나지 않아, 매일 밤의 연속이다.

동지에는 태양이 떠 있는 시간이 1년 중 가장 짧고 열량도 가장 작아서, 이 때가 1년 중 가장 추운 때가 되어야 하지만, 실제는 가장 추운 날이 더 늦게 온다. 그 이유는 지면이 아직 열을 가지고 있어서, 완전히 냉각되기까지는 좀 더 시일이 걸리기 때문이다.

오늘날의 천문력天文曆 계산은 춘분점春分點이 중요한 역할을 하고 있으나, 그전에는 역曆을 계산하는 기산점起算點으로 동지점이 중요한 역할을 했다. 동짓날은 '다음 해가 되는 날'이라는 뜻으로 아세亞歲라고도 했다. 이 날로부터 낮 시간이 조금씩 길어지는데, 이것을 가지고 고대古代 사람들은 태양이 죽음으로부터 부활(다시 원기를 회복)하는 것이라고 보고, 생명과 광명의 주인인 태양신神 숭배에 따른 축제가 거행되고, 또 천문학적으로 따져서 이날을 신년新年의 원단元旦으로 치는 풍습이 있었다. 이 사고 방식은 매우 타당하다고 생각되며, 이날이 1월 1일이 되었으면 좋겠는데 달력은 그렇게 되어 있지 않다.

인류가 사용하고 있는 역曆에는 그레고리력Gregorian calendar과 태음력과 태음태양력이 있다. 그레고리력은 로마 교황 그레고리 13세에 의해서 제정되어(1582년), 현재 전세계 대부분의 나라에서 사용하고 있는 태양력인데, 그렇게 되기까지는 복잡한 국제 관계와 종교적인 대립 관계로 300년 이상이 걸렸다. 그 결점은

① 1개월의 길이에 불합리한 차이가 있고
② 주週와 역일曆日을 맺는 법칙이 없으며
③ 윤년을 두는 방법이 복잡하고
④ 연초年初의 위치가 무의미

하다는 것이다. 태음력은 달의 운행에 따른 것이므로 계절과는 무관하다는 점이 있고, 현재는 이슬람력만이 이 역법에 따르고 있다. 태음태양력은 현재 우리가 사용하고 있는 음력이데, 계절과의 차이를 막기 위해 윤달을 둔 것이다. 그러니까 한 달의 길이는 달의 운행 주기에 따르고, 1년은 계절과 맞추

기 위해 윤달을 두면서 태양의 주기에 맞게 한 것이다. 그렇게 해서 형식상 1월 1일을 신년 원단으로 삼고 있지만, 사실상 그 위치가 무의미하다는 것을 생각한다면 고대인의 동지절節이 설날이라는 사고 방식이 타당성이 있는 것 같다. 뜻이 없는 날을 달력의 1월 1일이라는 이유만으로 설날이라고 하는 것보다, 뜻이 분명하면서 계절과도 합치되는 동지가 설날이 되어야 한다는 것이다. 그래서 지금도, 정초에 떡국을 먹듯이, 동짓날의 절식節食인 팥죽을 먹으면서 나이 한 살 더 먹는 상징으로 삼는 것은 고대의 풍습이 고집스럽게 이어져 온 것으로 생각된다. 여기서 주장하고 싶은 것은 동지가 신년 원단이 되어야 한다는 것이데, 나 같은 사람이 그렇게 주장한다고 될 일이 아니다. 앞에서 교황이 제정한 태양력인 그레고리력이 보급되는 데 300년 이상이 걸렸다는 것을 상기한다면 될 일이 아님을 바로 알 수 있다.

예수의 탄생일이 크리스마스Christ-Mas인데, 원래는 태양의 신생新生을 축하하는 동지에 행했으나, 3세기경부터 12월 25일로 변했다는 설이 있다.

동지에는 예부터 행사가 있었다. 중국 조정에서는 동지에 천지의 신에게 제사 지내고, 신하들의 하례賀禮를 받았으며, 군신君臣들이 한 자리에 모아 연회를 베푸는 것이 원단과 꼭 같았다. 신라 · 고려 때에도 중동 팔관회仲冬八關會라는 행사가 있었고, 조선 시대의 관상감觀象監에서는 달력을 임금께 올렸고, 그러면 임금은 모든 관원에게 나누어 주는데, 여기에는 동문지보同文之寶라는 임금의 인장을 찍었다.

동지 음식으로는 냉면 · 골동(여러 가지를 뒤섞는다는 뜻) 면 · 반유반(밥의 골동) · 동치미 · 수정과 등이 있지만, 빼놓을 수 없는 것이 팥죽이다. 동지 팥죽은 예부터 이어져 오면서, 한 살을 더 먹게 되는 상징으로 믿었기 때문에, 찹쌀로 새알심을 만들어 넣고 붉은 팥으로 쑤어서 시식時食을 삼아 사당祠堂에 차례茶禮하고, 액땜을 한다하여 대문이나 장독대에 뿌린다. 지금까지 전해 내려오고 있다.

동지에 팥죽을 쑤는 연유에 대해서는 몇 가지 설이 있다. 민간에 전해 온 유래로는 예부터 귀신은 특히 붉은 팥을 가장 무서워한다고 해서다.

한 세시기歲時記에 의하면 공공씨共工氏가 불초자不肖子라는 아들을 두었는데, 이 아들이 동짓날에 죽어서 역질 귀신이 되었다. 그런데 그 아들이 생전에 붉은 팥을 두려워했기 때문에 동짓날에 팥죽을 쑤어서 재앙을 면하기를 빈다고 전한다.

또 유자휘의 지일시至日詩에

"팥죽으로 귀신을 눌러 이기는 것은 형초 지방의 풍속 때문일세"

했는데, 지금 풍속도 또한 그러하다는 말이 있다.

또 일설에는 이런 이야기가 있다. 선덕 여왕은 얼굴이 뛰어나게 아름다웠으며, 또한 부처님에 대한 신심이 아주 돈독하여서, 나라를 다스리면서도 아침 저녁으로 황룡사에 가서 예불 올리는 일은 하루도 빠지지 않았다. 그러던 어느 날 저녁 때 예불을 드리러 황룡사로 가던 도중이었다. 난데없이 어떤 사람이 여왕의 행차에 뛰어들어 소란을 피우는 것이었다. 여왕은 그 사람을 불러 연유를 물었다. 그러자 말하기를

"마마, 황공하오나 소인은 평소부터 마마를 짝사랑하고 있었습니다. 그래서 늘 행차를 몰래 숨어서 지켜 봤습니다. 하오나 오늘은 도저히 참을 수가 없어서, 마마께 제 마음을 털어놓으려고 행차에 뛰어들었던 것입니다."

여왕은 그 말을 듣고 하는 수 없이 황룡사까지 데리고 가 예불을 마칠 때까지 9층 탑 옆에서 잠시만 기다리도록 했다. 여왕을 기다리던 그는 그 동안에 애가 타서 그만 마음속에서 심화心火가 일어나 타 죽고 말았다. 그런 일이 있고 나서, 그는 귀신이 되어 여기저기를 떠돌아다니며 행패를 부려 많은 사람이 해를 입게 되었다. 그래서 신라 천지에서는 귀신이 붉은 팥을 가장 무서워한다고 하여, 이 귀신의 행패를 방지하기 위

해서 해마다 동짓날에 팥죽을 끓여 집집마다 대문에 뿌리고 길에도 뿌렸다는 이야기다.

동지 팥죽에는 또 다른 뜻이 있다. 한국인은 동지에 꼭 팥죽을 먹어야 한다는 것이다. 이태규李泰圭 교수의 설에 의하면, 한국인의 식생활에는 동지 무렵에 팥죽에 들어 있는 영양 성분이 부족되어, 팥죽에서 보충해야 된다는 것이다. 이 교수는 화학자로, 1936년 일본 교토제국대학 조교수, 45년 경성대학(현 서울대) 교수(이공학부장), 48년 미국 유타대학 교수를 역임했다. 동지에 먹는 팥죽은 특히 맛있다. 그것은 몸 안에 팥 영양 성분이 부족하기 때문이라고 보면 된다.

절에서의 의식 중에는 팥이 사용되는 때가 있다. 병을 낫게 하는 구병 시식救病施食이라는 천도의에서는 마지막에 불을 다 끄고 나서 붉은 팥을 뿌리면서 병귀病鬼를 쫓게 되는데, 요즘도 그대로 하고 있다. 또 불상 점안佛像點眼 의식에서도 팥을 뿌리면서 마귀의 항복을 받고 있다. 점안식이란 새로 조성된 불상에게 육안肉眼·천안天眼·혜안慧眼·법안法眼·불안佛眼의 5안을 갖추어 불격佛格을 이루게 하는 의식이며, 그전까지는 불상은 조각품이나 예술품에 불과하다.

이렇게 의식에서 팥이 사용될 뿐 아니라, 물론 동지 팥죽 역시 예외는 아니어서, 팥죽을 쑤어 부처님께 공양供養을 올린다. 다음은 절에서의 동지 팥죽에 대한 이해를 돕기 위한 이야기 한토막이다.

마침 그날은 동지여서 팥죽을 쑤어 부처님께 공양을 올리는 날이었다. 그런데 그날따라 마사사의 공양주 보살은 그만 늦잠을 자고 있었다. 해봉 스님은 급히 공양주를 깨우며 말했다.

"이봐요, 공양주 보살, 아니 오늘이 무슨 날인데 잠만 자고 있어요? 빨리 일어나요!"

"무슨 날은 무슨 날이에요? 해 뜨는 날이죠."

그제서야 보살은 아무 영문도 모르고 기지개를 켜며 일어나 나온다.

"허참, 오늘이 바로 동짓날 아니요? 동짓날. 빨리 팥죽을 쑤어 부처님께 공양 올려야지요."

그때야 정신이 번쩍 든 보살

"아이구, 이걸 어쩌나 야단났네"

하면서 부엌으로 간다. 그런데 또 이게 웬일인가, 늦잠 잔 바람에 아궁이의 불씨마저 꺼져 버리고 재만 남아 있다. 보살은 그만 가슴이 덜컹 내려앉고 눈앞이 캄캄했다. 당장에 주지 스님의 불호령이 떨어질 것만 같았다. 부처님께 늦장을 부린 죄송한 마음은 둘째치고, 불호령을 생각하니 안절부절 못했다. 생각 끝에 밑에 마을 김 서방네 집에 가서 불씨를 얻어 오려고 발길을 재촉했다. 동짓날 찬바람이 쌩쌩 불고, 눈은 발목까지 푹푹 빠지는데 오늘따라 김 서방네 집은 천리 만리나 되는 것 같았다. 겨우 도착한 보살은 김 서방을 큰 소리로 불렀다. 그러자 김 서방이 나오면서

"아니 아침부터 보살님이 웬일이십니까?"

하며 의아한 듯 묻는 것이었다.

"불씨 좀 얻으러 왔어요. 늦잠을 자는 바람에 오늘이 동짓날인 걸 깜박 잊고 말았지 뭐요."

그러자 김 서방이 이상한 듯이

"아까 행자님이 오셔서 불씨를 얻어 갔는데 또 꺼졌나요?"

"행자님이라뇨? 우리 절에는 행자님이 없어요."

"무슨 말씀이세요? 조금 전에 행자님이 와서 배가 고프다고 하시길래 팥죽도 한 그릇 드시고, 불씨도 얻어 갔어요."

보살은 마치 도깨비한테 홀린 것 같아, 부리나케 절에 돌아와 부엌에 가 보니, 놀랍게도 아궁이에는 장작불이 훨훨 타고 있다. 급히 서둘러 팥죽을 쑤어 먼저 대웅전 부처님께 공양을 올리고, 이번에는 나한전羅漢殿으로 팥죽을 가지고 갔다. 그런데 공양 올리던 보살은 까무러치게 놀라고 말았다. 보살을 내려다보며 빙그레 웃고 계신 나한님의 입가에 붉은 색이 묻어 있었기 때문이다. 보살은

"아이구 나한님, 잘못했습니다"
하면서 엎드려 크게 절을 올렸다. 나한님의 미소 어린 입가 붉은 색은 바로 동짓날 드신 그 팥죽이 묻어 있기 때문이라고 한다.

동지에는 이렇게 잡귀와 재앙을 멀리하고, 묵은 것을 보내고 새것을 맞이하면서 복을 구하는 의미를 가지며, 부처님 전에 간절한 마음으로 지난 해를 참회하면서 소원을 비는 우리의 습속이 이어져 오고 있는 것이다.

농가월령가農家月令歌 11월조에서는 이렇게 노래한다. 농가월령가는 1년 중의 농사에 관한 실천 사항과 농가 풍속·범절을 월별로 나누어 읊은 노래다.

동지는 명일이라. 일양一陽이 생生하도다
시식時食으로 팥죽 쑤어 이웃과 즐기리라
새 책력 반포하니 절후 어떠한고
해 짧아 덧이 없고 밤 길어 지리하다

명일은 명절이고, 책력은 역서曆書이며, 덧은 퍽 짧은 시간, 덧없다 하면 세월이 속절없이 빠르다는 것이고, 지리하다는 지루하다는 말이다.

나의 시조 할아버지의 시제는 여산에서 동짓날 지낸다. 추리컨대 고대인의 습속 계승인지, 신년 원단의 사고 방식인지, 팥죽 차례의 연유인지 또는 그 조합인지 잘 모르지만, 여하튼 타당성이 있는 것 같다.

내 생일은 음력 11월 23일이니, 양력으로는 동짓날인 12월 22일경이 된다. 그 해의 달력이 없으니 지금에 와서는 정확히는 알기 어렵지만, 여하튼 동지 무렵인 것은 틀림없다. 매우 기이한 일이다. 나에게 동지와 관련된 무슨 뜻을 주려고 이렇게 된지도 모를 일이다.

나는 바보다!

바보란 사전에 따르면 '못나고 어리석은 사람'이라고 나오는데, 내 생각은 좀 다르다. 바보의 유형에는 세 가지가 있다고 본다. 하나는 어리석은 바보, 또 하나는 지자知者인 바보, 마지막 하나는 지자智者인 바보다.

어리석은 바보란 지능이 낮으므로 몰라서 어리석은 짓을 한다는, 사람들이 흔히 바보라고 부르는, 사전에 나오는 것을 말하고, 지자知者인 바보는 사리事理는 분명히 알고 있지만, 어쩌다 밝지 못하여 사고력이 부족해서 어리석은 짓을 한다든지, 알게 모르게 어리석게 당하여 어쩔 수 없이 참고 견디는, 흔히 말하는 바보 같은 짓했다는 유형이고, 지자智者인 바보는 나는 바보다 하고 바보같이 사는 것을 신조로 삼는, 진실한 행복에 사는 진짜 바보를 말한다. 지知와 지智의 차이는 지知는 지식(세상에서 배운 것)이 있어 사리에 밝음을 말하고, 지智는 경험을 통하여 속에 간직된 슬기로운 생활의 지혜로 어둠을 벗어남을 말한다.

지자知者가 어리석은 짓을 한다는, 지자知者인 바보는 어리석은 바보와 구별이 된다. 즉 어리석은 바보의 어리석음은 세상에는 알려지지만 본인은 모른 채 있고, 지자知者인 바보의 어리석음은 본인이 잘 알고 있지만 세상에는 감추어져 있다는 특징이 있다. 영국의 한 평론가의 말이다. 나도 그렇게 생각하고 있었다.

지식이 있어 사리에 밝다는 지자知者가 어떻게 해서 어리석은 짓을 할까 하고, 이 점에 대해 이해가 잘 안 갈지 모르지만, 범인들은 슬기로운 지혜로 사고하는 능력이 부족하기 때문에 어리석은 짓이 나오기 일쑤다. 이 점을 이해하려면 초보자의 바둑을 구경하고 있으면 충분하다. 어리석게도 자살 길도 서슴치 않고 선택하고 있다. 그것을 보고 있으면 사람의 머리 회전이 저것밖에 되지 않는다는 것을 실감할 수 있다. 지식으로 사리를 알고 있다고 하지만 그 지식이라는 것이 그 정도이며, 모든 면에 통하는 것이 아니다. 지자智者가 보면 그 수준이 원숭이보다는 조금 높은 편이다.

이러한 바보들의 모델을 도토리 키 재기식으로 나열해 가보자.

옛날에 어리석은 부자가 있었다. 어느 부잣집 3층 누각을 구경해보니 웅장하고 화려하면서 시원스러워 부러웠다. 곧 목수를 불러 3층 누각을 짓게 했는데, 이를 지켜 보던 부자, 1층이 돼 간 것을 보고는

"나는 아래 두 층은 필요 없으니 맨 위층만 지어 주시오"

했다. 사람들은 이 말을 듣고 모두 부자의 어리석음을 비웃었다.

한 어리석은 사람이 날 깨만 먹다가 우연히 볶은 깨를 먹게 되었다. 퍽 고소하고 맛이 좋아, 그는 '깨를 아예 볶아서 심으면 뒷날 맛있는 깨를 거둘 수 있겠구나' 하고 깨를 볶아 밭에 뿌렸다. 그러나 움이 틀 리가 없었다.

이러한 보기는 지능이 낮아 어리석은 바보인데, 사람들을 이러한 바보로 취급한 바보도 있었다. 창과 방패를 파는 사람이 창을 팔 때는

"이 창은 얼마나 날카로운지 어떠한 방패도 꿰뚫을 수 있다"

하고, 다시 방패를 팔 적에는

"이 방패는 얼마나 단단한지 어떠한 창도 꿰뚫지 못한다"

하자, 듣고 있던 한 사람이

"그러면 그 창으로 그 방패를 지르면 어떻게 되느냐?"

하니 말문이 막히고 말았다. 앞뒤가 맞지 않는다는 모순矛盾이라는 말은 여기서 나왔다.

진시황秦始皇은 나라의 무궁을 위해, 100만의 장졸을 풀어서 만리장성을 완성했지만, 황제 된 지 15년이 못 가서 나라가 망했다고 전한다. 그뿐이 아니다. 아방궁에 미녀 3천 명을 잡아다 놓고 보니 오래 살고 싶어서 서복徐福에게, 남녀 500쌍과 금은보배를 10여 척의 배에 태워 주면서, 동방에 가 불로장수약을 구해 오라고 했지만, 제주 서귀포까지 온 서복은 산약山藥에다 미녀를 즐기면서 일본을 거쳐 동으로 항해하여 돌아오지 않았다. 진시황은 원래 바보가 아니었지만, 천하를 통일하고 나니 만리장성이라는 바보의 작품을 남겼고, 3천의 미녀를 거느리다 보니 불로초를 구하는 바보까지 되었는데, 재미는 서복에게 빼앗기는 또 하나의 바보가 되었다.

그보다 더 바보는 이집트 왕을 모신 피라미드를 만든 사람들이다. 송장인 미라mirra의 부활을 위해서 1개당 10만의 노예 생명을 희생시켰지만, 미라는 지금도 살아나지 않고 있다. 이러한 바보들은 지능이 낮은 것이 아니고, 밝지 못함으로써 사고력이 부족하여 어리석게 된 것이다.

일본인들은 난관에 부딪치면 겁 없이 저돌적으로 무리를 하는 자들이다. 제2차 세계대전 직전의 일본은, 연합국 측의 정치적 경제적 압박을 받자, 분수를 모르고 개전開戰에 돌입하여, 처음부터 패전하게 되어 있는 것을 군대의 힘을 과신하여 판도를 넓혀, 부풀린 풍선이 터지듯이 자멸하게 되었다. 지혜 없는 고등 바보였다.

나의 지능 지수로는 어리석은 사람은 아니다. 그런데 퇴직을 하고 쉬면서 한가한 마음으로 생각컨대, 나는 분명히 바보였다는 것을 느끼게 한다. 그러면서 반성을 한다.

강의를 이런 식으로 했더라면 더 이해가 빠르고 재미도 있었을 것을 왜 그렇게 못했을까? 지금 다시 한다면 좋겠는데, 이미 늦어 소 잃고 외양간 고치는 바보와 마찬가지이고, 부모가 돌아가시고 나서야 생전의 불효를 반성하는 바보나 다를 바 없는 것 같다. 학생 생활 지도 역시 그렇다. 모두 조금만 더 연구를 했더라면 바보는 면했을 것이다. 가정 생활에서도 그런 면이 있었다. 아버지에게도 그때에 죄송하지만 이런 식으로 거짓말 한마디만 했더라면 아버지도 나도 가족들도 그 무시무시한 고생이 없었을 것이고, 체면을 지킬 수 있었을 것을? 그 거짓말은 선의의 거짓말이지 나쁜 일은 아닌데 왜 나는 그렇게 못했을까? 너무나 고지식했다. 역시 나는 바보였구나 하고 반성한다. 사회 생활에서도 그런 면이 있었다. 이렇게 대했더라면 내가 그런 고생을 덜 했을 것을…… 한다. 역시 나는 어리석었다.

내 자신이 어리석었던 것은 아니지만 역시 직장을 위해서, 국가 사회를 위해서 나로서는 봉사 정신으로 임했지만, 모르면 모르되 주위에서는 나를 바보로 인정했을 것이다. 봉사라고 생각되는 것은 그렇다 치더라도, 알게 모르게 올가미가 씌워져서 어쩔 수 없이 참고 견디는 일도 많았다. 묵묵히 참는 바보, 불평도 없이 고지식하게 황소처럼 일하고 있으니 아무도 그 노고를 알아 줄 사람은 없다. 보수도 없이, 오히려 내 호주머니를 털어 가면서 오직 맡은 일을 성공시키기 위한 일편단심이었으니, 그 이상의 바보는 세상에 없을 것이다. 너무나 혹사를 당했다. 노예처럼 국가 일을 보면서 거액의 돈을 썼다. 신원 조회 결과에 이상이 발견되었는데도, 이 바보는 그것은 잘못된 것이고 깨끗하다는 것만 믿고 참고 있다가 결국에는 크게 손해를 입었다.

세상을 살다 보면 올가미 이상의 덫도 있었다. '덫에 치인 범이요, 그물에 걸린 고기'라더니 꼼짝 달싹 못하고 당한 일이 있다. 선산先山에 가자면 논두렁 길을 지나야 하는데, 자기 논 옆을 통과한다는 것을 구실 삼아 쌀 60kg 대금을 내라고 해서 어쩔 수 없이 주었다. 논두렁이지만 사람마다 지나다니는 길이다. 경운기에 실린 모판에 차가 살짝 닿아서 하나가 땅에 떨어졌는데, 역시 쌀 60kg 값을 당했다. 모판에 이상은 없었고, 사람은 역시 그 사람이었다. 그 사람같이 하면 돈 벌기는 문제없다. 당한 자는 억울한 바보가 되지만 그 사람은 승리자다. 승차권 자동 판매기에 돈을 넣었더니 먹어 버렸다. 정류소에 환불을 요구했으나 듣지 않아, 택시를 타고 가 경찰서장에게 호소하고, 서장은 정류소 주재 경찰에게 선처를 지시했지만 그 경찰은 정류소 사람이었다. 돈을 벌려면 판매기를 고장내고 이렇게 하면 된다는 것도 알게 되었다.

나는 한평생 살면서 다섯 번을 망했다. 얼마나 어리석은 짓을 했는가를 알 수 있으며, 지금도 반성하고 있다. 그 중의 두 번은 사기를 당했다. 친구임을 믿었고, 친척이라는 이유로 의심하지 않아 발생된 실수인데, 너무나 고지식해서 세상의 물정을 모르고 당한 것이다. 사람들 마음이 나와 같은 줄 알고 과신한 어리석은 결과였다. 그러고서도 아무런 사후 조치도 않고, 속으로만 앓고 참고 견디는 바보였으니, 바보상賞 제도가 있다면 대상大賞을 받을 만했다.

지자知者들은 바보가 되지 않으려고 안간힘을 쓰고 있다. 나같이 참고 견디려고는 하지 않는다. 참고 견디면 그것도 바보다. 어떻게 보면 생존 경쟁은 바보가 되지 않으려는 싸움으로 보인다. 그래서 바보를 면하기 위해서 돈과 재산을 늘리고, 지위와 권력을 차지하려 하고, 기막힌 보석이나 의류·승용차·집 등 모두 최고의 것을 갖고 싶고, 그런 것들을 얻기 위해 안간힘을 쓰면서, 또 그것들을 얻었다고 해도 그에 만족치 않고 그 이상을 바라는 싸움을 한평생 계속하고 있는 것이 현실이다. 그래서 인간 생활은 괴로움의 연속이고, 만족되고 행복한 마음은 기대할 수 없게 되어 있다. 재물을 모으는 것은 인간 생활에 있어서 하나의 수단은 될지언정 인생의 목적이 되지는 못하는 것이다. 그러므로 여기서 한 생각 늦추어, 주어진 것에 만족하는 소욕지족小欲知足의 마음가짐이 필요하다는 것을 느껴야 한다. 만족함을 아는 것이 가장 부자라는, 지족최부知足最富라는 말도 있다. 조금은 바보가 되자는 말이다. 정말로 자기에게 필요한 것만을 가지며 그 이상은 바라지 말아야 한다. 한국은행권은 한국인의 공동 소유이지 내 것이 아니다. 필요한 만큼만 소유해야 된다. 내가 독차지하면 다른 사람은 가난하게 된다.

범인들은 눈이 있어 물물物物을 보고 있으므로 남의 옷이나 차·집 따위가 내 것보다 좋게 보여 내가 바보같이 느껴지고, 귀가 있어 소리를 들으므로 남이 출세하고 부자다, 또는 나에 대한 허물을 말한 것을 듣고 역시 내가 바보라는 마음이 굳어지면 스트레스를 받는다. 그러나 지자智者는 눈이 있어 보기는 보지만 본체만체 안 보는 거나 같고, 귀가 있어 듣기는 듣지만 들은체만체 안 듣는 거나 같은 초월한 마음, '모르는 것이 약이다' 하는 마음이다. 이러한 삶을 보고 앞에서 '나는 바보다 하고 지자智者인 바보는 바보같이 사는 것을 신조로 한다'고 내가 말한 바 있다. 슬기로운 지혜로 어둠을 벗어나서 진실한 행복에 사는 기술이 된다.

어떻게 해서 보지만 안 보는 거나 같게, 듣지만 안 듣는 거나 같게 할 수 있는 거냐 하면, 눈앞의 것을 관심 없이 무의식적으로 보면 존재를 모른다. 눈(眼識)과 의식이 이어져야 인식을 할 수가 있다. 오관五官만으로는 인식이 안 되는 것이다. 눈 뜨고 잠자는 사람은 아무리 보아도 안 보는 거나 같다. 마음의 눈을 뜨지 않는 한 보지 못하고 아는 것은 없다. 이 경우의 존재가 없는 상태를 공空이라 한다. 그러니까 지자智者인 바보는 보기는 보지만 공으로 보는 것이다. 산책을 하고 돌아온 사람에게

"산책 중에 누구와 만났는가?"

하고 물었을 적에, 많은 사람들을 보았지만 자기와 관계가 없는 한, 있어도 없는 거나 같아서 만나지 않았다고 한다. 사람

의 생각은 그런 것이다. 공으로 본 것이다. 무無와는 다르다.

진묵震默 대사(1562~1633)가 변산의 월명암에서, 스님네는 모두 탁발하러 떠나고 오직 시자와 절을 지키고 있을 적에, 시자도 제사가 있어서 속가에 가게 되어, 미리 공양을 준비해 놓아두고 사뢰었다.

"여기 차려 두었습니다. 때가 되거든 잡수십시오."

대사는 그때 방장실에서 창을 열고 앉아 문지방에 손을 얹고 능엄경을 보고 있었다. 이튿날 시자가 암자로 돌아와서 보니, 대사가 어제 그 모양으로 앉아 있었는데, 창문에 손이 찍히어 피가 흘렀지만 손을 거둘 줄도 모르고 태연히 경만 보고 있었고, 공양도 먹지 않은 채 그대로 있었다. 시자가 절을 올리고 밤새의 안부를 사뢰자 말했다.

"너는 왜 제사 참례도 않고 빨리 돌아왔느냐?"

삼매에 들어 바보같이 밤이 이미 지난 줄을 모르기 때문이었다. 피가 나는 것도 모르고, 하룻밤이 지나 버린 것도 모르는 정도이니, 보이지만 안 보고 모르는 것은 얼마든지 가능한 일이다.

대사가 일찍이 상운암에 있을 적에 제자들이 탁발하러 멀리 나갔다가 월여 만에 돌아왔더니, 대사 얼굴에는 거미가 줄을 쳤고 무릎 밑에는 티끌이 쌓여 있었다. 그들은 티끌을 쓸고 거미줄을 걷은 다음에 인사를 드렸다. 대사가 말했다.

"그대들은 왜 그리 빨리 돌아왔느냐?"

고. 날짜가 간 줄도 모르고, 얼마나 거미에게 바보로 보였으면 사람인 줄도 모르고 얼굴에 거미줄을 쳤겠는가?

지자智者인 바보의 입장에서 보면 인생은 고苦도 낙樂도 아니다. 모든 것은 마음이 정하는 것, 마음이 괴로우면 이 세상은 괴롭고, 마음이 즐거우면 세상이 즐거운 것이 마치 붉은 안경을 끼고 보면 붉은 세계로 보이고, 푸른 안경을 끼고 보면 푸른 세계로 보이는 것과 같다. 지자智者인 바보가 되어 살면 세상 만사가 편하고 행복하다. 마음이 괴롭지 않으니 그렇다.

눈이 있어 물물을 봄으로써 자기 집과 이웃집을 비교하여 경쟁의 마음이 생기고, 귀가 있어 소리를 들음으로써 이웃집 아들은 효자요 우리 아들은 불효임을 생각하니 시기 질투의 마음이 일어나며, 코가 있어 냄새를 맡음으로써 이웃집과 쓰레기통 다툼의 원인이 되며, 혀가 있어 맛을 봄으로써 맛이 있다 없다 불평이 일어나며, 몸이 있어 촉감을 느낌으로써 덥다 춥다 하고 불쾌함을 호소하며, 마음이 있어 여러 가지를 생각함으로써 근심 걱정하여 우울하게 된다. 여기서 눈·귀 따위를 공으로 하여 바보가 되어 눈으로 보지만 안 보고, 귀로 듣지만 안 듣고 …… 하면 경쟁심·질투심·근심 걱정 따위는 일어나지 않으며, 다투거나 불평하거나 불쾌하거나 우울할 것도 없다. 모든 괴로움을 벗어나서 상쾌한 나날을 보낼 수 있다.

지자智者인 바보가 되고 나면 보고도 본 것이 없고, 생각해도 생각한 것이 없고, 행동을 해도 한 것이 없고, 이렇게 되어야 진정으로 편하다. 아무런 부담이 없고, 마음에 꺼리는 데도 없고, 참되고 완전한 자유를 얻는다. 세상을 그렇게 살면 참 편안해진다.

제주시의 번화가 가게에서, 이와 같이 모든 것을 공으로 하여 지자智者인 바보로 살고 있는 한 젊은 부인을 만난 일이 있다. 이 부인은 비행장이 어느 쪽인지, 한라산이 어느 쪽인지, 동쪽이 어느 쪽인지도 모르고 그저 그날그날 장사만 하고 마음 편히 살고 있었다.

물과 불은 조촐하게 고요히 모여 있을 적에 그 작용이 온전하고, 흔들려서 흩어질 적에는 온전치 못하다. 물이 흔들리면 비친 그림자가 뭉그러져 흔들리고, 불이 흔들리면 그 그림자도 흐리고 흔들린다. 물이나 불이 고요하고 맑을 적에 비치는 그림자의 윤곽이 확연히 보인다. 사람의 마음도 이를 가라앉혀 바보가 되면 물이나 불이 고요한 것과 같고, 바보가 되지 않으려고 허덕거리면 물이나 불이 흔들리는 거나 같다. 마음이 바보가 되어 고요하면 그 작용이 온전하여, 세상 만사가 흔들리지 않고 사실대로 보인다.

이렇게 해서 다다른 지자智者인 바보와 지자知者인 바보의 차이는 무엇인가? 물과 얼음, 홍시와 땡감, 미소와 폭소, 주면서 사는 주인과 달라는 거지 같은 것이다.

이 글의 제목인 '나는 바보다!' 하는 부르짖음은 여기 말하는 지자智者인 바보로 살고 싶어서 하는 말이었다.

전주에는 해마다 거액의 돈을 보람 있게 쓰라고 정해진 장소에 놓고 사라지는 이름 없는 바보가 있단다. 이 지자智者인 바보에 비하면 나라는 바보는, 국가 일에 돈을 썼다고 후회하는 것을 보면, 지자知者인 바보임에 틀림없다.

자개도 등대 설치 100년을 넘기며

자개도自開島, 완도군 소안면에 부속된 면적 1.46㎢의 작은 섬으로, 소안도와 보길도 사이 남쪽에 위치하는데, 완도군에서 여서도를 제외하면 최남단에 있다. 완도항으로부터의 거리는 뱃길로 약 36㎞, 제주항까지는 약 61㎞다. 그러니 거짓말을 좀 보탠다면 제주에서 새벽 닭 우는 소리를 들을 수 있는 거리에 있다. 추자도까지는 완도항 거리와 같다.

원래는 자지도者只島였는데 발음이 좀 안 좋다고 해서 1981년 자개도로, 마을 이름도 자지리를 당사리唐寺里로 개명했다. 그래서 당사도라고 부르기도 한다.

해안 경관이 아름다운 곳으로 다도해해상국립공원에 포함

돼 있으며, 좀처럼 가 보기 어려운 섬이면서 꼭 가 보고 싶은 곳이다. 도대체 어떻게 생겼을까? 주민들은 어떻게 살고 있을까? 흥미를 돋구고 있는 보물섬이다. 내가 작은 섬에서 태어나 자란 몸이지만, 더 작고 남쪽에 있는 섬이니 가 보고 싶을 때, 다른 사람들에게는 대단한 구경거리가 될 보물섬이라 해도 과언은 아닐 것이다.

그러한 곳이기에 1950년대 초 완도수고에서 전교생을 데리고 이 섬에 봄 소풍을 간 일이 있다. 당시 한태호 씨가 경영하는 선박 업체(한일해운)에 있었던 벙어리배에 이 많은 수효를 한꺼번에 태울 수가 있었다. 엔진을 비롯한 구조물이 전혀 없는 큰 목조선이었으므로 내가 벙어리배라고 하는데, 동력선이 끌고 4시간을 갔었다.

다행히 바다가 조용했으므로 간신히 바위 끝에 벙어리배를 대고 상륙할 수 있었다. 봄인데도 초여름의 짙은 향기가 코를 즐겁게 하고, 이국異國의 무인도에 온 것같이 사람의 마음을 해방시킨다.

이 섬 남동쪽 절벽 위에는 1909년 1월에 설치된 자개도 등대가 있다. 이 머나먼 섬까지 소풍 나온 목적은 실은 이 등대를 견학하기 위함에서였다. 단순히 누구나 하는 봄 소풍만으로는 욕심 많은 우리에겐 간에 안 찬다. 일거양득一擧兩得이라야 꿩 먹고 알 먹고 해서 조금은 즐거워진다. 삼득三得이면 더 좋다. 나는 학생 승선 실습에서, 어청도나 거문도 같은 유명 등대가 있는 곳을 지날 때는 일부러 기항寄港을 해서, 등대를 견학시켰다. 동시에 어항漁港의 민정民情도 구경하라고 자유 시간을 준다. 그 사이에 나도 살짝 곡차 한잔을 하면서 피로를 푼다.

등대를 견학시킨 데는 이유가 있다. 승선 취업을 해서, 항해사航海士로서 업무를 수행할 때 등대라는 항로 표지航路標識를 고맙게 자주 이용하게 되는데, 그 실물을 보고 정체正體를 알아야 시원스럽게 잘 이해가 되기 때문이고, 또 하나는 숨어서 일해주는 간수看守들의 노고에 감사하자는 뜻도 있다. 간수란 유인有人 등대에서 등대를 지키는 사람 즉 등대지기를 말하는데, 볼 간看자와 지킬 수守자로 되어 있다. 교도소의 교도관 구칭이 간수였으므로 이름이 같다. 교도소의 죄인을 지키는 간수나 등대의 간수나 글자 그대로 지켜 보는데, 견見과 달라, 간호사看護士가 환자를 보듯이 손을 써 가며 본다고 해서 '手+目'인 간看자로 되어 있다. 그러니까 간수는 눈으로만 지키는 것이 아니라 손을 써 가며 보살펴 지키는 사람인데, 우리가 보지 못한 곳에 숨어서 좋은 일을 하고 있으니 얼마나 고마운가를 알아야 한다. 또 우리가 등대에 간 것은, 지켜 보러 가는 것이 아니라 마음으로 생각하며 보는 관觀하러 가는 것이므로, 관람하여 공부하고 감사를 느끼기 위해서다.

지금은 전파 기기電波機器가 발달해서 항해하기가 쉬워졌지만, 예전에는 어려움이 많았다. 그래서 항해술을 잘 공부하여 능숙하게 활용해야만 되었다.

전파 기기가 처음 나온 것은 무선방향탐지기RDF(Radio Direction Finder)부터 시작해서 그 후 레이더RADAR(Radio Detection And Ranging) · 로랜LORAN(Long Range Navigation) · 덱카Decca · 콘솔Cansol · 오메가Omege · 미히군위성항법장치(Navy Navigation Satellite System NNSS)를 거쳐, 전세계위치결정방식(Global Positioning System GPS)에 이르기까지 놀랄 만한 발전을 해서, 이제는 GPS 하나만으로도 가장 쉽고 안전하게 항해를 마칠 수 있게 되었다. GPS는 원래 선박이나 항공기에서 사용하기 위해, 미국 존스홉킨스대학 연구팀에 의해 개발된 기막힐 정도의 정확성 있는 것인데, 지금은 자동차에도 사용되어 모두가 그 고마움을 느낄 것이다.

이렇게 편리한 GPS가 나오기 전의 다른 기기들은 정확성이 떨어지므로, 이들을 이용하는 중에도 지물地物을 관측하여 이용하는 지문地文 항법, 천체天體를 관측하여 이용하는 천문天文 항법이 병행되었다.

항해를 할 때 등대가 어떤 역할을 하고 있는가부터 말하자면, 지문 항법에서 낮에는 섬 등의 지물을 관측하지만, 밤에는 거의 불가능하고 안개만 끼어도 관측이 어려우므로, 이런 때에 밤에는 등대, 안개에는 등대에서 발하는 무신호霧信號가 있어서 고맙게 이용하게 되는 것이다. 항해에 있어 가장 중요한 것은 현재의 위치를 측정해서 안전 여부를 확인하고, 예정된 항로에서의 이탈 여부를 점검하고, 앞으로의 항로를 정하게 되는 것인데, 여기에 등대가 효과적으로 이용되는 것이니 고마운 것이라고 알아야 한다.

우리나라 등대 업무는 고종 31년(1894) 공무 아문工務衙門에 등대국이 발족됨으로써 비롯되어, 1903년 6월에 인천 앞 팔미도에 세워진 것이 시초다. 자개도 등대에 6년 앞선다.

등대를 항해에 이용할 때, 저것은 자개도 등대다 하고 바로 구별이 되어야 하는데, 그러기 위해 등대들은 각기 등질燈質을 달리하고 있다. 그래야 다른 등대와 혼동되지 않고 선박등과도 구별이 된다. 자개도 등대는 등질이 섬광閃光인데 매 20초에 1섬광을 발한다. 섬광이란 잠깐만 비치는 것을 말한다. 이것은 배에서 그렇게 보인다는 것이지, 등대에서 불이 꺼지는 것은 아니고, 그렇게 보이도록 장치가 돼 있다.

자개도 등대 남방 제주해협은 중요 항로로 되어 있다. 여기를 지나는 선박에게 이 등대는 크게 공헌하고 있는데, 그 광달光達 거리는 19마일(약 35㎞)이다. 그러니까 제주해협의 중간을 넘어 도달되고 있는 것이다. 광달 거리란 빛이 도달하는 거리를 말하며, 광학적(광력에 의한) 광달 거리와 지리적(등대 높이에 의한) 광달 거리가 있는데, 이 두 가지가 비교되어서 짧은 편이 광달 거리로 정해진다. 이 말이 무슨 말이냐 하면, 광력이 약하면 멀리 도달할 수 없고 그래서 광력만으로 정해지는 광달 거리가 있고, 아무리 광력이 강하더라도 지구는 둥글기 때문에 지리적으로 그 곡률에 따라 비치는 데는 한도가 있다. 이 한도는 등고燈高와 안고眼高에 따라 결정되어서, 이런 높이가 높을수록 광달 거리는 커지는데, 해도에는 청천암야晴天暗夜에 평균 수면상의 안고 5m인 사람이 등화를 볼 수 있는 거리를 광달 거리로 하여, 앞에 말한 등질과 함께 나와 있다. 자개도 등대의 광달 거리는 지리적 광달 거리다. 이용 거리가 멀지 않는 등대는 광력이 약하여 광학적 광달 거리로 되어 있다.

등대에 따라서는 부등副燈을 가진 곳도 있다. 자개도 등대 앞에는 암초가 있는데, 이 방향으로 홍광紅光이 부동不動으로 비치고 있다. 그러니까 부근을 항해중, 이 홍광이 보이면 암초의 방향을 통과하고 있다는 것이 증명되는 것으로, 이 때 등대로부터 본선까지의 거리가 위험 여부를 판가름하게 된다. 홍광이 보이지 않으면 암초 방향이 아니므로 안전하다.

등대에는 도색을 확실히 하여, 낮에도 확인하여 항해에 이용할 수 있게 하고 있다. 즉 다른 지물을 이용하는 경우보다 그 위치가 확실하여, 선위船位 측정 등에 정도精度가 좋아 특히 많이 이용하게 된다.

등대의 점등點燈 시간은 원칙적으로 일몰시부터 일출시까지인데, 기상에 따라서는 예외가 있다. 자개도 등대는 물론 간수가 있지만, 무인 등대의 경우에는 항상 점등되고 있는 곳도 있다.

등대의 부대 업무로 무신호霧信號(안개 신호)라는 것이 있는데, 안개 때는 등광을 볼 수 없으므로 시각 대신 청각을 이용한, 막다른 골목에서의 구명줄 역할을 하고 있다. 쉬었다가 갑자기 이 신호를 발하면 가까이에서는 고막이 터질 정도이므로 멀리까지 들린다.

해도상 자개도 등대에는 이상에서 말한 것이 다음과 같이 써 있다.

F1. 20s 95m 19M & FR (Siren)

F1. 20s는 매 20초마다 한 번 발하는 단섬광單閃光(1섬광)이라는 것이고, 그 등대가 만일 군섬광群閃光이라면 F1(3) 등으로

표기되는데 3회 발하는 것을 뜻한다. 자개도 등대는 백광白光이므로 F1지만, 만일 홍광이라면 F1 R, 녹광이면 F1 G가 된다. 95m는 등고이고, 19M은 광달 거리 19마일이다. FR는 부등인데 부동광(F)으로 홍광이라는 뜻이다. Siren은 무신호를 한다는 것이다.

등대를 견학할 적에는 이런 것들이 어떻게 해서 이루어져 있는가를 잘 보아야 한다. 그러고선 간수들의 생활을 보면서 감사할 줄 알아야 한다. 그것이 앞에서 말한 관觀에 해당한다.

가장 불우한 공무원으로서 가장 보람 있는 일을 수행하고 있는 사람인 간수, 가족과 헤어져 살면서 물은 빗물을 받아 저장해서 먹고 쓰고, 식료를 비롯한 필수품은 등대 순시선을 통해 보급 받고, 망망대해만 바라보면서 고독한 나날을 보내고 있다. 뜻이 있는 사람이라면 가끔 위문이라도 가야 할 것이다.

동해안 호미곶(장기곶)에는 등대 박물관이 있는데 가 볼 만한 곳이다. 여기 설명된 것을 알고 보면 이해가 빠를 것이다.

만일 등대가 없다면 어떻게 될까? 생각해본다. 거리에는 신호등이 있어서 사람과 차가 잘 소통이 되고 있다. 만일 신호등이 없다면 기다림이 없으니 빨리 갈 수 있을지 모르지만, 언제 사고가 날지 위험이 숨어서 기다리고 있다. 그렇지만 소통이 전혀 안 되는 것은 아니다. 상당히 넓은 길에 신호등이 전무한데도 소통은 잘 되고, 지금까지 사고 하나 없었단다. 사람이나 차나 그만큼 조심하기 때문일 것이다.

선박이 왕래하는 바다에 등대가 없다면 밤이 되면 봉사와 같을 것이다. 사람의 봉사는 지팡이로 더듬기도 하고, 누가 인도해 갈 수도 있다. 그러나 배에서는 그런 것이 없다. 꼼짝없이 밤에는 항해를 말아야 한다.

사람이 한평생 살아가는 것을 인생 행로行路라 하고, 이 세상을 살아가는 것이 배가 항해하는 것과 같다고 해서 인생 항로航路라 하고 있는 것 같다. 이 사회를 살아가는 데에는 등대가 있기도 하고 없기도 하다. 단순히 내 몸을 움직여 동물처럼 살아가는 데에는 눈과 귀를 비롯한 6식識을 활용하면 되므로, 선박이 낮에 항해하듯이 등대가 필요 없다. 그러나 마음을 움직여 생각하고 실천하면서 살아가는 고등한 삶에 있어서는 등대가 있어야 한다. 그 등대가 무엇인가? 성현聖賢들의 가르침이다. 만일 이 등대가 없다면 이 세상을 살아가는 데에 기가 꽉 막혀 버려, 인생 행로 또는 인생 항로는 찾을 길이 없을 것이다. 앞에서 말한 선박의 등대 없는 야간 항해와 같을 것이다.

또 만일 내가 간수가 되었다면 견딜 수 있을까? 나 같으면 바둑 책을 가지고 갈 것이니 고독을 면할 수 있을 것이다. 또 글을 쓰고 있으면 될 것 같다. 어떻게 생각해보면, 산중 절에서 혼자 지내는 것처럼 마음 편히 오히려 낭만적으로 지낼지도 모른다. 그러나 다른 사람은? 고독에 못 이겨 스트레스를 받아 우울증이 나타날 것이고, 그 다음은 염세적으로 되어 자살할지도 모를 일이다.

끝으로 한마디만 남기자면, 죄없는 유배 생활을 하고 있는 사람이 간수들이다. 물심양면에서 어떻게든 보상을 해주어야 할 것이다.

고등어는 고등어인가 하등어인가!

1. 고등어는 어떤 물고기!

고등어라는 고기는 어떻게 보면 고등어이지만, 또 어떻게 보면 하등어이기도 하다. 아리송하다. 나는 보통으로 하등어라 부를 때가 많다.

고등어, 우리의 식탁에 자주 올라 귀염을 받고 있는 고등어는 별명(사투리)으로 고동어 · 고도어 · 고도리 · 열소고도리 · 소고도리 · 고망어라고도 하는데, 한자로는 古刀魚 · 古道魚 · 鮐魚로 쓰였다. 어디를 봐도 고등어가 고등하다는 뜻은 없는 것 같다. 고등어는 그러니까 말이 고등어지 고등하다는 뜻에서 나온 것 같지는 않다. 고등어라지만 양반이나 고위층이나 부유층이 즐기는 고기라기보다 오히려 대중어 · 서민어 · 국민어에 속한다고 해야 할 것이다. 나의 추측으로는 속단일런지 몰라도 고동어 · 고도어 따위를 빨리 말하면 고등어로 들리는 것을 보면 거기에서 변성된 것이 아닌가 하고 짐작해본다. 영명으로는 Mackerel, 일어로는 Saba, 일본인이 한자로 鯖이라고 썼는데, 우리의 옥편에서는 鯖을 청색 고기의 어명魚名 청어青魚인 것으로 나온다.

한국 · 일본 · 타이완 · 중국 연해에 분포하고 있다. 농어목 고등어과에 속하고, 몸 길이 40㎝에 달한다. 몸은 방추형으로 등쪽은 녹색이며, 굴곡된 흑색의 물결무늬가 옆줄까지 분포되어 있고, 배쪽은 은백색이다. 수온 10~22℃에 살고, 초봄에 제주도에 떼 지어 와서 차츰 북상하는데, 9월 이후 다시 남하하는 연안성 회유어다. 남해의 청산도는 과거에 고등어의 주요 어장이며 파시波市로 유명했다. 청산도의 青과 鯖의 青이 상통되니 고등어와 인연이 깊은지도 모른다(농담). 고등어는 가을에 맛이 좋다.

고등어와 비슷하게 생긴 형제격인 전갱이(사투리 : 가라지, 일명 Aji)는 농어목 전갱이과에 속하며, 고등어와 같이 다니기도 한다.

고등어는 낚시질 · 주낙 · 유자망流刺網 · 건착망巾着網으로 잡아 왔다. 이중 중요한 어법은 건착망이었으며, 긴 수건 모양의 그물로 어군을 둘러싸고, 아랫자락에 있는 조임줄을 조여서 완전히 가둔 다음 범위를 좁혀서 잡는 어법이다. 과거에는 한 번에 3~4천 상자를 어획하는 일도 있기 때문에 그물배 2척에 운반선 2~3척 기타 보조선까지 선단을 이루어 청산도 · 거문도 · 제주도 · 경상도를 휩쓸고 다니며 조업했었다. 일망 타진이면 일획 천금이지만 잘못하면 망하기도 했다.

2. 고등어는 과연 고등어다

해방이 되고 이승만 정권이 수립되자마자, 거리에 천지로 깔려 있는 삐라 좀 주워 봤다고 해서, 우리들 학생이 미 군정 법령 위반 경목으로 무더기로 체포된 일이 있었다. 눈으로 보는 자유조차 없는 것이 당시의 정권 모습이었다. 경찰서 유치장에 들어가 보니, 거기에도 먼저 들어온 순으로 대대손손 질서 있게 상속돼 온 감방장이 존재했는데, 그 권한은 대단했다. 자신은 상좌에 놀고 마지막에 들어온 자는 변기 옆에 기거하게 명하며, 모든 질서를 잡았다.

하루는 한 사람에게 사식이 들어왔다. 이런 것도 감방장이 지휘하여 주인 외의 전원에게 반 숟갈 정도를 나눠 먹였다. 절반으로 10여 명이 나눠 먹은 것이다. 나도 순번이 되어 먹어 보니 이 세상에서 맛보지 못한 기막힌 생선이 있었다. 자세히 보니 놀랍게도 꼬리 부분 한 토막의 고등어 구이가 아닌가? 과연 자랑스런 고등어구나 하고 속으로 감탄을 했다. 풍부한 기름기에 소금 뿌려 지글지글 구웠으니, 타 어종이 흉내를 낼 수 없는 특수한 맛이다.

고등어는 이렇게 자체의 기름에 의해 튀김을 하는 원리대로 구워지므로 맛있으면서, 기름기는 가미를 해준다. 등쪽 빨간 살은 혈합육血合肉이라 하여 특유의 맛을 줄 뿐만 아니라, 비타민 B_{12}가 많아 악성 빈혈에 좋고, 여름의 지친 몸을 회복시키는 데 도움을 준다. 옛날 짭짤한 간고등어 구이로 여름철 보리밥에 반찬하여 먹으면 맛이 특수하게 좋았다. 지금은 육지에서도 싱싱한 고등어를 맛볼 수 있지만, 옛 관습이 남아서 간질한 것을 자반고등어라 하여 즐겨 먹는 것을 보고 있다. 간고등어는 육지 사람들의 기호 식품으로 되어 있다. 여기서 하등어라고는 할 수 없다. 안동은 고등어 산지가 아니다. 그렇지만 옛 관습대로 적당히 맛있게 간질을 하여 '안동 고등어'로 비싸게 팔고 있다.

청산도에서는 과거에 고등어 속젓을 담아 간장으로 만들어 먹었다. 그러니 고등어는 귀중한 물고기였다.

어떤 노래를 들어 보면 냉장고에 어머니가 사 온 고등어가

두 마리 있다고 나온다. 이들에게 고등어는 맛있어 즐겨 먹는 보물처럼 되어 있다.

3. 고등어는 그래도 하등어였다

내가 완도수고에 재직시(1953), 1기생인 청산 출신 김호산 군과 소안 출신 신권균 군을 대동하고 하계 방학 중에 14일간 고등어 건착선에 청산도에서 승선한 일이 있다. 장차 승선 유망주를 뽑아 훈련시키기 위해서였다. 건착선의 선원이 가장 푸대접을 받고 있어 훈련에는 안성맞춤이었다.

선단을 이루어 제주도로 경상도로 미치광이같이 여기저기 뛰어다니면서 조업했는데, 두 학생은 선원들에 뒤지지 않을 만큼 열심히 일해주었다. 후일에 신 군은 아깝게도 일찍 세상을 떠났지만, 김 군은 북양 트롤 선장까지 지내면서 좋은 성적을 올렸다. 지금 부산 영도에 거주하고 있는데, 내가 심장 수술을 했을 적에는 전복을 2관씩 두 번이나 전주까지 공수해 온 일이 있다. 그만큼 열성파다.

그때 건착선에는 김치가 없었다. 김치 없이는 못 사는 것이니, 맛이 좀 없더라도 어떻게든 갖추어야 되겠지만, 선원이 80명 정도가 되니 호랑이 하루살이 잡아먹기식이라 어찌할 수 없는 모양이었다. 하루에 쌀 한 가마니를 먹었다. 그래서 반찬이라고는 고등어국 · 고등어구이 · 고등어회 · 젓갈뿐이다. 처음 하루 정도는 맛있게 먹다가 점점 맛이 없어져서 4~5일이 지나면 냄새도 맡기 싫을 정도가 된다. 가지고 잇는 기름기가 맛을 주기도 하지만, 이런 경우는 맛을 싫어하게 만들기도 한다. 조리는 해 나오지만, 선원들은 자기가 받은 것을 맛만 보고는 전부를 바다에 쏟아 버린다. 이렇게 되면 고등어라는 이름은 아깝게도 반대로 하등어가 돼 버린다. 어떤 때는 고등어가 되지만 어떤 때는 하등어가 되어, 변덕이 가장 심한 것이 고등어라고 나는 생각한다.

원래 귀한 것은 맛있고 흔해빠진 것은 맛이 업는 법이다. 따져 보면 고등어 건착선에 있어서는 발에 밟히는 것마다 천덕꾸러기인 고등어다. 맛이 있을 리가 없다. 더욱이 몇 천 상자씩을 잡으면 값은 급락하여, 가엽게도 천한 신세가 되어 푸대접을 받는다. 여기에 비해 도미나 조기 · 갈치 따위는 많이 잡히지 않고 흰 살이고 기름기가 없어 잘 질리지도 않아 고등어류다. 고등어는 비린내가 나고 살에 지방이 많고 물러서 여름철에는 변질되기 쉽다. 그 외에도 고등어에는 큰 결함이 더 있다. 그렇다면 결코 고등어가 될 수는 없다. 뒤에 자세히 말하지만 고등어의 기름에는 불포화 지방산인 에이코사펜타엔산(EPA)이 많이 들어 있어 이것이 콜레스테롤 수치를 내리게 하여 동맥 경화를 예방하는 중요한 작용이 있어서 성인병 예방에 크나큰 역할을 하고 있는데, 이 EPA와 같은 불포화 지방산은 대단히 산화되기가 쉬운 결함이 있어 산화에 의해 과산화 지방질이 되면 동맥 경화를 예방코자 하는 것이 오히려 촉진시키는 결과를 가져온다. 그러므로 신선한 것을 골라 먹고, 남은 것은 오래 두지 말고 빨리 먹도록 주의해야 한다. 이런 점에서는 역시 하등어에 속한다.

고등어는 말려서 먹지 않는다. 말리면 지방이 산화하기 때문이다. 그런 것을 먹으면 해롭다. 사후 경직硬直(몸이 굳어짐) 상태에 있을 때는 혈합육血合肉이 중독을 일으킬 수 있다. 그래도 하등어가 아니란 말인가?

고등어는 제사 상에 오르지 못한다. 비늘이 거의 없어서일 것이다. 그래도 고등 어족이라 할 수 있을까?

앞에 말한 전갱이는 비슷하지만 고등어보다 더 맛이 좋다. 그런데도 전갱이보다 고등어란 말인가? 아니다. 전갱이(가라지)는 고등어에게 '저리 가라지 않았느냐!'할 것이다. 같이 있을 수 없다.

4. 얼씨구나 절씨구나 좋다. 고등어구나!

동물성 단백질 섭취원으로서는 육류도 어류도 모두 중요하지만, 어류의 성분은 육류와는 다르다. 어육이 육류에 비해 월등히 우수한 점이 있다. 우수한 여러 면이 있지만, 그 중에서도 특히 생선에 들어 있는 EPA는 콜레스테롤 수치를 낮추어 성인병 예방에 공헌하고 있다는 것이 알려져 있다. 성인병은 발병이 되고 나서 약으로 고치려고 하는 것보다 사전에 예방할 수 있는 식생활이 중요한 것인데, 그러기 위해 수산식품을 요령있게 섭취하는 식생활로 예방하는 것이 매우 바람직한 일이다. 성인병을 예방하고 싶으면 좀더 적극적으로 생선 식사를 많이 하는 것이 손쉽고 효과적인 최선의 방법이라고 말할 수 있다.

EPA에는 두 가지 작용이 있다. 하나는 위에 말한 바 있는 혈액 중의 콜레스테롤 수치를 낮추어 동맥 경화를 일으키는 것을 예방하며, 또 하나는 혈소판의 응집을 억제하는 작용을 하여 혈전성血栓性의 병을 예방한다. 이러한 작용들은 성인병 예방을 위해 매우 중요한 일로, 이로써 협심증이나 뇌졸중 같은 무서운 성인병을 예방하고 있는 것이다.

사람 체내의 EPA 양은 농촌 사람보다 생선을 상식하는 어촌 사람에게 월등히 많다는 것이 알려져 있다. 즉 각종 성인병의 위험성은 어촌 사람들에게 적다고 말할 수 있는데, 실제로 장수촌으로 알려져 있는 곳은 대부분이 해안 지대에 집중돼 있어 생선의 EPA가 절대적 역할을 하고 있음을 알 수 있다.

그런데 생선 중의 EPA는 고등어 · 전갱이 · 정어리 · 멸치 · 참치 · 방어와 같은 등푸른 생선의 지방에 많다는 중요한 사실을 알아야 한다. 기름진 식품을 염려하는 사람도 이같은 생선의 기름은 건강과 장수에 좋은 영양을 주는 것이므로, 기름진 생선을 많이 먹어 주는 것이 유익하다. 한국인은 과거에 기름기 없는 조기 · 명태 따위를 좋아했는데 재고해볼 문제다.

EPA의 외에 생선에 잇는 핵산(DNA)도 중요한 일을 하고 있다. 핵산은 모든 생물의 세포 속에 존재하면서 유전자의 본체로서 세포의 분열 · 성장 · 에너지의 생산 등 일체의 생명 활동을 유지해 가는 열쇠가 되는 것이다. 즉 핵산은 생명의 탄생에서 사멸까지를 지배하고 있다.

핵산이 많이 들어 있는 음식을 많이 먹는다는 것은 우리 몸의 세포 하나하나를 활성화시킨다. 늙어서, 갈수록 늘어진 피부에 탄력과 윤이 나게 하고 싱싱함을 주는 것도 핵산이며, 노쇠해지기 시작한 체력에 젊음에 찬 에너지를 되찾아 주는 것도, 무너지기 시작한 몸의 균형을 힘차게 졸라매 주는 것도 핵산의 효과인 것이다.

세계적인 장수촌의 주민들은 핵산이 풍부한 식사를 하고 있음이 밝혀져 있다. 핵산은 심장병 · 고혈압 · 당뇨 등 성인병

질환의 치료 효과를 높이는데 도움이 된다고 한다. 그런데 성장기가 지나면서 핵산의 생산이 크게 줄어들게 되므로, 음식물을 통한 외부로부터의 공급이 필요하게 된다.

그 공급 받을 고핵산 식품이란 우리 곁에 가까이 숨어 있는 바로 그것, 어 · 패류이다. 그 중에서도 특히 고등어 · 정어리 · 멸치 · 갈치 · 참치 · 연어 · 새우 · 게 · 오징어 · 패류(굴 · 조개류) 및 김 · 미역 · 다시마 등 해조류에 많이 들어 있다. 아무튼 수산물은 성인병 예방과 노화 방지에 공헌하고 있다지만 그 중에서도 고등어가 특히 효자 노릇을 하고 있다는 사실을 높이 평가해야 할 것이다.

이와 같이 되면 고등어가 절대로 하등어가 될 수는 없고, 얼씨구나 절씨구나 역시 이름 그대로의 틀림없는 고등어가 되어야 옳고, 그 값은 더 비싸야 한다. 고등어를 많이많이 먹어주어 값이 더 올라도 좋다.

고등어는 과거의 건착선 등에서는 하등어였지만, 현대에 와서는 고등어임에 틀림이 없다.

'무강' 이야기

내가 젊었을 적에 완도수고 제3대 교장의 닉네임이 '무강'이었다. 초대 · 제2대 교장의 닉네임은 없었는데, 3대에 와서 학생들이 그럴 듯한 애칭을 선사했다는 것은 이색적이었다. 내가 여기서 미화해서 애칭이라고 하고 있기는 하지만, 솔직히 말해 애칭이라기보다는 비하한 뜻이 짙은, 알고 보면, 재미나고 기발한 착상이었다. 장본인은 아마도 이런 작란을 모르고 있었을 것이다. 혹시 알고도 귀엽게 받아들였는지도 모른다. 그러한 너그러운 분이었기 때문이다.

어째서 비하한 말로 들리며, 재미나고 기발한 착상이라 할 수 있는가? 학생들이 생각한 바를 추리해보면 지금도 나에게 웃음을 주고 있다.

중미 원산(남미 원산설도 있음)인 고구마는 콜럼버스의 아메리카 대륙 발견(1492)에 의해, 처음 에스파냐(영어명 스페인)에 들어온 다음 에스파냐 사람에 의해 필리핀, 1594년에는 중국의 푸젠성福建省에 전해졌으며, 이후 차차 동양의 여러 나라로 전파되었고, 지금은 전세계적으로 재배되면서 품종이 개량도 되고 색깔이나 질도 여러 가지로 되었다.

한국에는 영조 39년(1763)에 견일통신정사遣日通信正使로 일본에 갔던 조엄이 대마도에서 고구마 종자를 부산진으로 보낸 것이 전파의 시초라고 한다. 그러니까 말이 고구마지만 고구려와는 아무런 관계가 없으니, 고구려 마라는 생각은 버려야 한다.

고구마는 전분이 많아 식용 · 공업용으로 쓰이는데 술과 엿으로도 만들어진다. 덩굴은 사료용으로 쓰여 버릴 것이 없다. 간식용으로는 단맛이 강한 밤고구마 같은 것이 좋다.

난대에서 재배되는데, 씨고구마를 습하고 따뜻한 사질토에 심으면 4~6주 후에 싹이 나오고 이 싹이 덩굴로 자라면 떼어내어 이랑을 만든 곳에 이식한다. 그러면 뿌리가 내리고 그 일부 근경根莖이 비대하여 괴근塊根(고구마)이 된다. 고구마를 감저甘藷라고도 하는데, 완도 말로는 '감제'다.

감제와 감자와는 다르다. 감자란 감제의 사촌격이지만, 남미 칠레 원산으로 독특한 냄새가 나며, 하지감자 · 북감저北甘藷 · 마령서馬鈴薯라고도 한다. 순조 24년(1824) 만주의 간도間島 지방으로부터 두만강을 건너 전해 왔다. 감자를 많이 수확하는 나라에서는 주식으로 삼고 있으며, 밥, 죽, 떡, 빵, 술 등을 만들어 먹는데, 부식물로도 많이 이용되고 있다. 그 외 제면製麵 · 당면 · 고급풀 · 약용 · 알코올 원료 · 가공 식품 등 그 용도가 다양하다.

위에서 말한 재배 과정에서의 덩굴 이식이 끝나면 씨고구마는 임무가 끝난다. 그렇게 된 것을 흙 속에서 캐어 먹어 보면 뿌리에 새로 자란 새끼 고구마(신강)는 예쁘고 맛이 좀 있는데, 어미는 늙어서 볼품이 없고 껍질이 두텁고 수분만 있고 맛이 형편없다. 영양분은 신강과 싹터 자란 덩굴 등 자식에게 증여했고 빈털터리가 되었기 때문이다. 부자가 가난뱅이로 변했다. 이 상태의 것을 '무강'이라 한다. 국어 사전에 없는 것을 보면 사투리인 것도 같다. 쓸모가 없어 무가치한, 실속이 전혀 없는 상태다. 돼지 밥이라면 몰라도 사람이 먹을 것은 못 된다. 그대로 오래 두면 썩어 버린다. 가을이 되면 옆구리에 묘하게 흰 살이 부풀어 이 부분만은 먹을 수가 있다.

학생들이 교장을 이렇게 무강에 빗대어 호칭하는 것은 그럴싸했다. 그래서 내가 앞에서 재미나고 기발한 착상아리고 말한 바 있다. 교장을 보고 있자면 말수가 적고, 고지식하여 꾸밈새나 잔꾀 같은 것은 전혀 모르고 정해진 대로 하루하루를 지내고 있다. 이런 성격일수록 외관상으로는 맛대가리가 없이 보이는 법이다. 바로 이 대목을 족집게로 뽑아 낸 것이 학생들의 기발한 빗대기였다. 학생들이란 감수성이 예리한 법이다.

여기서 당사자인 교장을 잠시 소개해보자. 보성 선씨로 혜화전문(지금의 동국대)을 나왔는데, 당시 이 학교는 불교계에서, 명륜전문(성균관대)은 유교계에서, 연희전문(연세대)은 기독교계에서 설립하여 종교계의 3두頭 역할을 하고 있었다. 그래서 스님이 되는 학교에서 수학했으므로 성격이 그렇게 보이는 것은 당연했다. 그러니까 학생들의 관觀은 표면만 보고 내면은 보이지 않으므로 못 본 것이었으며, 내가 그를 두고 기발한 착상이라고 칭찬한 것도 실은 표면적인 것이지 내심은 조금 다르다. 한 가지만 더 말하자면, 사모님이 생선을 먹지 않아 댁에서는 생선을 구경도 못하고 지냈지만 불평을 한 일이 없었다. 무강 같은 성격을 칭찬할 수도 없지만 나무랄 수도 없다.

도 장학사를 거쳐 완도에 부임했으며, 이어 여수수고도 거쳤다. 공교롭게도 또 여수에서 같이 근무하다가 내가 대학으로 빠져 나갈 때 '어서 가라'고 격려해 준 것을 보면 무강은 아니었다. 정년 퇴직 후 내가 인천조선소에서 문교부 교습선 건조 감독관으로 파견 근무 중에 있을 때 친구 한 분을 데리고 위문차 오셔서, 일식집에 가 점심을 대접한 일이 있는데 거기서

"이제야 문교부가 정신을 차려서 제대로 일을 하고 있구먼!" 하고 문교부를 평가한 바 있다. 이런 점을 보더라도 학생들이 말한 무강은 아닐 것이다. 학생들이 오판한 것이다.

학교에서는 항상 3뿌리를 조심하라 했고, 신언서판身言書判에 대해 강조한 바 있는데, 그 뜻은 사람이 갖추어야 할 네 가지 조건인 신수身手(용모와 풍채)·말씨·문필·판단력을 가리킨 말이다. 이것만 가지고도 무강이라는 표현은 맞지 않다는 것을 알 수 있을 것이다.

이상은 학생들이 생각한 무강에 대해 고찰했는데, 다음은 좀더 깊이 있게 무강을 가지고 놀아 보자.

'무강'이라는 별명은 볼품이나 실속이 없다, 맛대가리가 없다는 것 같지만, 막말로 하자면 바보 같다는 말로도 들린다. 왜냐하면 무강의 일생이 바보같기 때문이다.

물고기 중의 바보의 표본은 연어와 뱀장어일 것이다. 북태

평양에서 3~4년 살다가 산란기가 되면 머나먼 거리(2,500㎞)를 헤엄쳐서 동해안의 모천母川(자기가 태어난 강물)에 와 산란을 하고 일생을 끝내는 것이 연어다. 뱀장어는 그와는 반대로 5~12년간 육수에서 살다가 산란하려면 큰 고통을 받으며 바다로 내려가 북위 20~30도의 쿠로시오黑潮 발원지(1,600㎞)인 심해 중층에 가서 산란하고 일생을 마친다. 산란을 하려면 아무데나 싸 버리면 되지 그렇게 먼 곳까지 고생하면서 찾아가야 하며, 또 산란한다는 종족 번식 때문에 죽기까지 해야 되는가 말이다. 사람이라면 이런 바보 같은 자기 희생은 하지 않을 것이다.

고구마 역시 그 새끼인 신강과 덩굴(고구마 순)을 위해 모든 것을 다 주고, 자기는 희생을 받아 무강이 되어 버린다. 바보같지만 얼마나 고귀하면서 가치로운 일생인가? 사람도 무강같이 살아야 되지 않을까?

김수환 추기경이 평소에 "나는 바보다. 나는 바보다"했다. 이 말이 무슨 말인가? 잘은 모르지만 나의 견해로는 하나는 마음 공부(종교인으로서의 수행)가 부족하다는 말로 들리기도 하고, 또 하나는 바보로 살고 싶은데 잘 안 되니 바보가 되고 싶어서 구호口號처럼 외치는 소리인 것도 같다. 여기서의 바보란 무강과 같이 인류를 위해 나를 희생하고 사는 것, 무강과 같이 속(마음)을 비우고 세속世俗을 떠나 아무 욕심 없이 사는 것 따위일 것이다. 그 극치는 성인聖人들의 생활이다.

한 국왕이 학자들에게 '인생이란 무엇인가'에 대해 연구하라고 명령하자, 30년 후에야 수십 필의 낙타에 연구 논문을 싣고 왔다. 이미 나이가 많아진 왕은

"모두 읽을 힘이 없으니 더 간단하게 정리하라"

했다. 다시 몇 년 걸려 한 권의 책으로 정리 보고했다. 왕은 그것도 읽지 못하고

"나는 수명이 얼마 남지 않아 이걸 읽을 시간도 없다. 인생이란 무엇인가를 빨리 알고 싶구나. 한마디로 표현하라. 빨리!"

하자 한 대표자가 말했다.

"마마, 사람은 태어나 늙고 병들고 그리고 죽어 가는 것입니다."

왕은 미소를 지으며

"그렇구나……"

하고 숨을 거두었다.

무강의 일생도 이와 다를 바 없다. 사람의 인생처럼 간단하게 설명하기는 어렵지만, 한마디로 한다면 태어나 무강으로 늙고 썩어 없어져 간다.

한 학생이 고향에 갔더니 불행하게도 친구의 부친이 돌아가셨다. 친구는 무척 슬퍼했다. 처음에는 돌아가신 부친을 위해 슬퍼하는 줄 알았는데, 자세히 보니 아버지 없는 자기 자신의 서러운 위치와 장래가 슬퍼서 울고 있다는 사실을 발견하고는, 인간은 자기를 위해 살다가 가기 마련인 것을 공연히 봉사 정신이니 이타利他주의니 하고 있다고 했다. 무강은 인간과는 다르다. 오직 자손을 위해 자기 희생을 했다. 인간도 무강과 같이 가정을 위해 사회를 위해 고귀하게 살아야 옳은 것이 아닌가?

위에서의 학생의 판단은 옳다. 나도 동의할 수 있다. 슬피 우는 소리를 들어 보면,
'아이고我而苦……'하며 '내가 괴롭구나 어떻게 살까……'하지, 아버지의 처지는 언급이 없다.

불행한 사람이 있었다. 재산도 권세도 처자식도 남부럽잖게 살았으나 무엇 때문인지 세상사가 우울해서 불행했다. 어느 날 한 도사道士를 찾아가 행복해지고 싶다고 하소연했다. 도사는 말했다.

"이 세상에서 가장 행복한 이를 찾아서 그의 속옷을 얻어 입으시오."

불행한 사람은 길을 떠났다. 그런데 사람들이 소개한 행복

한 자는 모두가 산 같은 재물, 천하를 진동시킬 만한 권세, 꽃 같은 아내를 가졌지만 자기보다 행복하지 못했다. 몇 년을 떠돌다가 드디어 모두가 이구동성으로 소개하는 행복한 사람을 발견했다. 기대에 부풀어 숲 속에서 수행하고 있는 그를 찾아갔다.

"당신의 속옷을 주십시오. 그러면 내가 행복해집니다" 하자, 행복한 사람은 껄껄 웃었다. 누더기를 들추니 그 속에는 속옷 없는 알몸뚱이뿐이었다. 속이 비었다. 알몸이 편하고 좋으며 있는 그대로의 사실이어서 그랬을 것이다. 그는 행복한 사람이란 이렇구나 하는 것을 드디어 깨닫게 되었다.

앞에서 바보란 무강과 같이 속(마음)을 비우고 아무 욕심 없이 사는 것이라 했는데, 김 추기경같이 바보가 되려면 행복해지려면 무강같이 속이 비어져야 한다.

속(알맹이)은 있다고 할 것이 못 된다. 있다고 하는 것은 무엇이든 변하여 무강처럼 마침내 죽어 없어지고 만다. 모양(현실)은 허망한 것이다. 거품이나 이슬과 같고, 그림자나 꿈이나 환상이나 번개와도 같다. 있다고 할 것이 못 된다. 허망한 것이다. 차라리 속이 빈 무강이 사실 그대로인 것이다. 재산도 권세도 모두가 그런 것이다. 허망한 것이다. 그런 곳에서 행복을 찾을 수는 없다.

송지호 수상집(10)

비빔밥? 얼씨구나 절씨구나 좋다!

초판인쇄 2013년 8월 16일
초판발행 2013년 8월 20일

지은이 송 지 호
발행인 서 정 환
발행처 신아출판사

출판등록 1984년 8월 17일 제28호
주소 전주시 완산구 공북1길 16(태평동 251-30)
전화 (063) 275-4000, 252-5633
팩스 (063) 274-3131
E-mail sina321@hanmail.net
shina321@chol.com

값 11,000원

ISBN 978-89-98524-85-2 03810

이 도서의 국립중앙도서관 출판시도서목록(CIP)은 서지정보유통지원시스템 홈페이지(http://seoji.nl.go.kr)와 국가자료공동목록시스템(http://www.nl.go.kr/kolisnet)에서 이용하실 수 있습니다.(CIP제어번호: CIP2013015167)